pense rápido: crise

Título do original: Fast Thinking Crisis

Tradução:
Maria Aparecida Baptista

Editoração Eletrônica:
José Luis Guijarro

CIP-BRASIL. CATALOGAÇÃO-NA-FONTE
SINDICATO NACIONAL DOS EDITORES DE LIVROS, RJ.

J46c

Jay, Ros
Crise
/ Ros Jay; [tradução de Maria Aparecida Baptista]. – Barueri, SP: Manole, 2003.
– (Pense rápido; 3)

Tradução de: Crisis
ISBN 85-204-1632-2

1. Administração de crises. 2. Solução de problemas.
I. Título. II. Série.

02-1598. CDD 658.403
CDU 65.013:159.955.2

12.09.02 16.09.02 001718

ISBN: 85-204-1632-2

1ª edição brasileira – 2003

Direitos em língua portuguesa adquiridos pela:
Editora Manole Ltda.
Av. Ceci, 672 – Tamboré
06460-120 – Barueri – SP – Brasil
Fone: (0_ _ 11) 4196 6000 – Fax: (0_ _ 11) 4196 6007
www.manole.com.br
info@manole.com.br

Impresso no Brasil
Printed in Brazil

pense rápido: crise

- comunique más notícias
- enfrente situações difíceis
- limite os danos

Ros Jay

Manole

índice

introdução 6

riscos inerentes 12

1 defina seu problema 14
Priorize 17

2 planejamento para emergências 22
Reúna sua equipe 23
Resuma a situação 24
Defina o problema e eleja prioridades 26
Discuta suas opções 27
Não tome decisões desnecessárias 28
Distribua tarefas 29
Verifique se todos entenderam 29

3 distribuindo tarefas 32
Não caia no atoleiro 34
Quem fica com qual tarefa? 35
Forme uma equipe forte 40

4 usando o tom adequado 44
Espírito de luta 45
As sete regras da comunicação em situações de crise 46
Crise interna 52

Cortes de pessoal 54
Sobrecarregando a equipe 55
Enfrentando mudanças 57
Más notícias 60
Fracasso 61
Furto 63
Morte ou doença grave na equipe 64
Casos amorosos 66
Demitindo um funcionário 68

5 lidando com a imprensa 70
Fazendo a coisa certa 71
Mantenha contato 71
Seja sincero 72
Não complique 73
Saiba discernir suas prioridades 74
Esteja ciente de como os outros enxergam as coisas 74
Seja positivo 75
Seja simpático 76
Traga os amigos para o seu lado 77
Dê um passo além 78

6 operação rescaldo 82
Mensagens de solidariedade 83
Dizendo obrigado 84
Recuperação pós-crise 85

crise em uma hora 88

crise em dez minutos 92

introdução

Calma, sem pânico! Lá ia você, tocando o barco normalmente quando, de repente, sem ninguém esperar... acontece um desastre. Pane nos computadores? Metade do departamento caiu doente e é hoje o dia do grande lançamento? Intoxicação alimentar na cantina? Demissões? O cliente desmaiou na recepção? Há tantas crises possíveis, que chega a ser incrível que elas não aconteçam com maior freqüência. Ainda bem!

E você esperava por essa? Não, lógico que não. Não seria uma crise, se você estivesse preparado, seria? Seria rotina, e você não precisaria deste livro. Mas o fato é que você só quer ficar livre dessa encrenca o mais rápido possível e voltar à vida normal. Bem, você veio ao lugar certo. Este livro irá ensiná-lo a enfrentar qualquer crise rapidamente, porque, uma vez aprendidas as regras básicas de como lidar com uma crise, você poderá aplicá-las a quaisquer situações.

Sorte sua, pois, ao deparar com uma crise, comprar um livro não é a primeira coisa que lhe passa pela cabeça, em geral. A maior parte do conteúdo aqui exposto tem como objetivo ajudá-lo a encarar aquelas crises que, goste você ou não, demoram um pouquinho mais para serem solucionadas. Por exemplo:

- **as conseqüências de desastres naturais – incêndio, enchente ou temporal**
- **cortes de pessoal**
- **demissões por justa causa (consistindo a crise no impacto sobre os demais colegas)**
- **panes em computadores ou em mesas de PABX**
- **escassez crônica de mão-de-obra**
- ***recalls* de produtos**
- **greves e outras ocorrências industriais**
- **poluição (quando a culpa é sua)**
- **crises morais (resultantes da perda de uma concorrência importante, por exemplo)**

... e tantas outras crises que você nem pode imaginar agora, mas que certamente acontecerão a alguém mais dia, menos dia, e esse alguém poderia ser você.

Este livro também o ajudará a se preparar para crises futuras do tipo mais imediato – aquelas que surgem repentinamente, sem lhe dar tempo para ler um livro antes:

- **incêndio**
- **ferimentos ou danos graves**
- **doença repentina**
- **falta de equipamento essencial na manhã do lançamento ou da feira**
- **ameaça de bomba.**

Se você usar este livro como preparação, perceberá que, ao surgir uma crise, você estará muito mais equipado para enfrentá-la. E as seções finais, sobre como lidar com uma crise em uma hora e em dez minutos, irão orientá-lo a atravessar até a crise mais urgente no ritmo da vida moderna.

É evidente que o objetivo não é simplesmente conseguir sair vivo da crise. Você pode até pensar que isso seja suficiente e, de fato, é melhor do que não sair vivo. Mas é possível ir um pouco além. Lidando com a crise de maneira calma e bem pensada (não, isto não é uma contradição), você pode sair dela melhor do que entrou. Não acredita? Então, continue lendo.

Quer tenha um dia ou apenas alguns minutos para se preparar, você terá de pensar rápido. Não apenas pensar rápido, mas também usar a cabeça, se quiser se sair bem. Você quer:

- **dicas para parecer saber mais do que realmente sabe**
- **atalhos que lhe permitam cortar o caminho de uma longa preparação**
- **lista de itens indispensáveis que você possa consultar na última hora**

... tudo apresentado de forma clara e simples. E também concisa o suficiente para uma leitura rápida, é claro.

Portanto, seja lá qual for a crise, não ceda ao pânico. Sei que isso equivale a dizer que, se você esfregar uma picada de pernilongo, vai coçar ainda mais. Falar é fácil, fazer é que são elas. Mas, realmente, não há razão para pânico, porque tudo o que você precisa está neste livro. E nada mais. Aqui você tem um guia rápido, porém abrangente para se tornar um expert em lidar com situações críticas dentro do prazo de uma hora.

trabalhe no ritmo da vida moderna

Este livro o ensinará a enfrentar uma crise percorrendo as seguintes etapas principais:

1 Você terá de começar definindo o seu problema (isto não é tão óbvio quanto parece) e estabelecendo prioridades, conforme seja o caso.

2 O próximo passo, em quase todas as crises, exceto em casos de vida ou morte, é fazer um planejamento para emergências. Você pode fazer isso sozinho, mas seria bom envolver outras pessoas também.

Se você usar este livro como preparação, perceberá que, ao surgir uma crise, você estará muito mais equipado para enfrentá-la

3 Depois disso, é hora de dar início à operação de recuperação do desastre. Você não poderá fazer tudo sozinho, portanto precisará distribuir tarefas e, o que é mais importante, distribuir as tarefas certas às pessoas certas.

4 Ao longo da operação, é essencial adotar a atitude correta em relação a todos os envolvidos. As habilidades das pessoas são essenciais para se conseguir enfrentar uma crise de cabeça erguida. Por isso, examinaremos as orientações para manter todos com boa disposição e motivação.

5 Certas crises alcançam dimensão pública por acabar chegando ao conhecimento do mundo externo. A imprensa vai querer saber tudo sobre o resíduo tóxico que você anda despejando no rio da região ou sobre as demissões que está fazendo. Trazer a imprensa para o seu lado é uma parte importante do seu papel, como comandante da operação.

6 E, finalmente... quando todas as providências já tiverem sido tomadas e a vida tiver voltado ao normal, você precisará reconhecer que a crise aconteceu e atacar os pontos fracos.

Este livro o ensinará a enfrentar uma crise percorrendo as principais etapas do processo

riscos inerentes

Quando uma crise bate à sua porta, não há alternativa, senão apelar para seus recursos e enfrentá-la da melhor maneira possível. Com a ajuda deste livro, você sairá dela com o mínimo de ansiedade e o máximo de crédito possível. Mas, por enquanto, o que lhe resta é inevitavelmente desligar o ventilador e limpar as paredes, seja lá o que for que o tenha atingido.

Mas seria muito melhor desligar o ventilador antes do impacto. Pensar correndo, premido pelas circunstâncias, é bem diferente de pensar sentado, com os pés para cima. Na primeira hipótese, você corre os riscos inerentes. Na segunda, consegue se lembrar de muito mais opções. Portanto, a longo prazo, colocar os pés para cima e pensar em como você irá lidar com crises futuras é uma medida sábia. Faça um plano para situações de crise. Você descobrirá como fazer isso à medida que lê o livro, mas, caso necessite de argumentos, aqui vão algumas razões por que é melhor não deixar as coisas correrem soltas até o ponto de alerta máximo:

- Muitas crises podem ser previstas, poupando-o assim de um enorme transtorno, se tiver um sistema de reserva ou de prontidão.
- Qualquer que seja a crise, você pode estabelecer um conjunto de prioridades aplicáveis de maneira simples e rápida em qualquer caso – por exemplo, no prédio de sua empresa, quais são os itens essenciais que devem ser salvos em qualquer tipo de catástrofe física, seja causada por temporais ou por alarmes de bombas?
- Mesmo nos casos em que teria sido impossível prever a crise ou o desastre, você pode acelerar o processo de recuperação se já tiver planejado qual pessoa você designaria para qual tipo de tarefa (talvez o Mário seja ótimo para lidar com gente, ou o Fernando seja o melhor quebra-galho que você tem).
- Planejamento não é solução para tudo, mas pode evidenciar problemas que você não perceberia, no calor da hora. Por exemplo, se o seu plano chamar atenção para o fato de o seu equipamento eletrônico mais indispensável estar localizado no subsolo do edifício, haverá menos chances de você esquecer, caso um encanamento estoure e comece a encharcar o segundo andar, que a sua prioridade é descer rapidamente e proteger o equipamento hi-tech lá embaixo, antes que ele seja atingido.

Com este *Pense Rápido* você terá segurança inabalável para atravessar uma crise, mas, se quiser conduzir ao invés de ser conduzido, precisará dar suporte à rapidez de raciocínio com planejamento avançado. Dessa forma, você exibirá tamanha calma em uma crise que fará o agente 007 parecer um amador!

Pensar correndo, premido pelas circunstâncias, é bem diferente de pensar sentado, com os pés para cima

1 defina seu problema

Então, você está com um problema? Problema é um termo muito brando. Você está é diante de uma crise, um grande desastre, do tipo socorro-ai-meu-Deus-e-agora-o-que-é-que-a-gente-vai-fazer. E a primeira coisa que você vai fazer é parar e pensar.

Se alguém desmaiar na sua frente, e não conseguir respirar, é claro que você terá de agir imediatamente. Mas, em qualquer outro tipo de crise – por mais grave que seja – você deve parar pelo menos por alguns instantes para pensar, antes de fazer qualquer coisa. Essa parada serve a dois propósitos específicos:

- **Ajuda-o a se decidir pela ação correta, impedindo-o de agir simplesmente por agir.**
- **Ajuda-o a ficar calmo. Ao invés de fazê-lo ceder ao pânico, um momento de reflexão estabilizará suas emoções.**

II **use a cabeça**

JOGANDO BOLICHE

Parar alguns momentos para pensar, quando surge uma crise, faz com que as outras pessoas fiquem calmas também. Os outros ficarão tão impressionados com sua reação calma – como Sir Francis Drake jogando boliche enquanto a armada espanhola se aproximava – que sentirão confiança em você e em sua capacidade de lidar com a situação.

Então, o que é que você deve fazer, nesses poucos segundos ou minutos de reflexão? Ficar olhando para as paredes, tentando esconder o pânico que está tomando conta de você? Não! Há uma série de atitudes mais úteis. Você precisa definir o problema. Pode levar alguns segundos ou alguns minutos (se você os tiver). Mas precisa ser feito.

Quando uma grande tubulação de água estoura, quando o computador pifa ou quando o caminhão que está transportando todo o equipamento para a feira enguiça na estrada, a 150 quilômetros do destino, você pode pensar que o seu problema é óbvio ululante: o prédio vai inundar, você ficará sem computador ou sem o *stand* que seria montado na feira de negócios.

Entretanto, esses não são os verdadeiros problemas. São, sim, os problemas aos quais a maioria das pessoas dirige a atenção, em uma crise, mas, na

Parar para pensar irá ajudá-lo a se decidir pela ação correta

verdade, são desastres apenas em razão de suas conseqüências. Tomemos como exemplo a pane no computador. Trata-se de uma crise porque significa que você:

- **não pode receber pedidos**
- **não pode executar pedidos**
- **não pode emitir faturas**
- **não pode gerar uma lista de expedição**

... e assim por diante. Esses são os seus verdadeiros problemas. Se o seu computador tivesse pifado, mas você dispusesse de um mecanismo simples para substituir todas as suas funções de alguma outra forma, não seria uma crise, seria? No máximo, seria um pequeno incidente.

Portanto, sua prioridade, quando o computador falha, não é consertá-lo, e sim despachar os pedidos pontualmente. É lógico que consertar o computador é uma ótima maneira de conseguir isso, mas é apenas um meio para atingir um fim, não é o fim propriamente dito. Sua prioridade máxima deveria ser encontrar um modo provisório de despachar os pedidos, e só mais tarde se preocupar em consertar o computador.

Se você não parar para identificar o seu verdadeiro problema, poderá canalizar toda a sua energia para o conserto do computador, ao invés de tratar de despachar as mercadorias. É por isso que você precisa gastar alguns minutos identificando o problema real, a fim de que possa investir sabiamente seus recursos para resolvê-lo. Eis mais alguns exemplos:

- **Quando o prédio inunda, o verdadeiro problema são os danos sofridos pelo valioso equipamento ou pelo estoque, e a interrupção do trabalho.**
- **Quando o stand para a feira não chega, o problema é que você não poderá vender sua empresa e seus produtos ou serviços tão bem para os visitantes.**
- **Quando você tem uma escassez crônica de funcionários, o problema é que a sua equipe não tem condições de realizar certas funções básicas ou não consegue realizá-las tão eficientemente quanto deveria.**

PRIORIZE

Então esse é seu primeiro passo: definir o seu problema real para nele concentrar seus recursos. O próximo passo é uma seqüência natural: estabelecer suas prioridades. Como você pode ver, pelos exemplos anteriores, uma única crise pode gerar uma infinidade de problemas. Uma ruptura na caixa d´água localizada no telhado do seu imóvel poderia gerar vários problemas:

- **danos a equipamentos de alto valor**
- **prejuízos com a perda de estoques**
- **interrupção do trabalho.**

Você precisa gastar alguns minutos identificando o problema real, primeiro

Uma das máximas que definem crises é a de que nunca há recursos suficientes para contornar tudo. Então, em que você irá concentrar esforços? Em proteger os equipamentos? Ou salvar o estoque? Ou garantir a continuidade do trabalho – e, nesse caso, quais tarefas necessitam ser priorizadas? Você tem de decidir qual dos seus problemas é o mais urgente, para assim poder utilizar da melhor forma possível os seus parcos recursos.

use a cabeça

URGENE *VS* IMPORTANTE

Lembre-se de que as tarefas mais urgentes em uma crise não têm necessariamente de ser as mais importantes – elas são as mais urgentes. Por exemplo, se o seu computador estiver em ordem dentro de um ou dois dias, o processamento dos pedidos poderá esperar perfeitamente e ser feito mais tarde (desde que você possa anotar os pedidos manualmente). Por outro lado, atrasar pagamentos devido à impossibilidade de gerar cheques por dois dias poderá trazer conseqüências muito mais graves.

Essa é precisamente a finalidade de definir e priorizar o seu problema. Em vez de consertar o computador em uma manhã e perder meio dia de trabalho, seria muito melhor ter um dia inteiro para consertá-lo, mas sem interromper o trabalho em nenhum momento.

use a cabeça

MEDIDAS DE PREVENÇÃO

O processo de planejar poderá levá-lo a criar fontes permanentes de recurso. Você poderia instalar sistemas automáticos de back-up para seus programas ou para websites em caso de pane. Ou poderia fazer uma lista de emergência com o nome de pessoas a quem recorrer em caso de falta de funcionários. Ou poderá considerar que vale a pena ter um stand ou mostruários de reserva para feiras.

para a próxima vez

PARA A PRÓXIMA VEZ

Você nunca irá ter muito tempo de sobra, quando uma crise bater à sua porta – nem desta vez, nem na próxima, e nem na seguinte. Portanto, você precisa encontrar tempo antes de a crise surgir. Esta lógica não é tão tortuosa quanto parece, por uma simples razão: poucas crises são tão imprevisíveis quanto imaginamos.

Tudo bem, admitamos que há algumas crises para as quais simplesmente não podemos nos preparar. Conheço uma pessoa que ficou presa no elevador por duas horas com mais outras dez. Dentre elas, havia uma criança pequena, que passou mal logo nos primeiros minutos, e uma mulher que tinha fobia de vômito. Também sei do caso de uma empresa em cujo prédio ocorreu algo inexplicável: um cavalo foi encontrado andando em um corredor do terceiro andar. E de outro, em que um cliente irado resolveu constran-

Você tem de decidir qual dos seus problemas é o mais urgente

ger os funcionários arrancando toda a roupa no meio de uma loja cheia.

Obviamente que não se pode planejar ações para esse tipo de emergência. Mas, para muitos outros tipos, é perfeitamente possível. Faça uma reunião com sua equipe para eleger suas prioridades em casos prováveis de crise. Em cada caso, defina o problema e identifique suas prioridades. Quando a crise ocorrer, você já terá as respostas prontas. Claro, nem todas as crises se concretizarão, porém, mais cedo ou mais tarde, pelo menos uma daquelas para as quais você se preparou provavelmente ocorrerá – e você estará pronto para ela. Todo o mundo tem um plano de ação para o caso de sofrer um incêndio. Aqui vão algumas outras idéias de ações a planejar:

- Pane no computador – se sua empresa depende de um computador, mais cedo ou mais tarde ele o deixará na mão, você sabe disso.
- Danos físicos ao prédio – essa ocorrência é relativamente comum, também. Pode ser um grande temporal, uma tubulação de água rompida, ou um incêndio em um prédio vizinho que não exija evacuação imediata, mas que poderia eventualmente espalhar-se.
- Ameaça de bomba – algumas organizações, tais como empresas de transporte público, fornecedoras de energia, teatros, galerias e cinemas, são particularmente vulneráveis a esse tipo de ocorrência. Se você for um alvo provável, deverá estar preparado.
- Produtos químicos nocivos – se você os tiver em sua fábrica, deve planejar medidas a serem tomadas em caso de vazamento, incêndio ou poluição de cursos d´água.

- Se você guardar materiais ou equipamentos de valor em algum lugar vulnerável – um subsolo com risco de inundação ou um prédio exposto a intempéries – pense qual será sua prioridade em caso de uma emergência.
- Se você usar equipamentos perigosos na fábrica, que possam causar sérios danos ou ferimentos, esteja preparado.
- Se você fabricar equipamentos ou maquinário potencialmente perigosos, esteja preparado para recalls de produtos.
- Se você estiver planejando montar um stand para uma feira ou exposição e houver potencial de uma grande catástrofe, como por exemplo o fornecedor não entregar o stand encomendado ou o veículo de transporte quebrar, com conseqüências desastrosas, esteja preparado.
- Se estiver previsto um período de intenso trabalho para os funcionários, como por exemplo um evento especial ou um horário de pico de recebimento de pedidos, planeje o que fará se houver um surto de gripe e metade de seus funcionários faltar.
- Se você administra um website importante ou fundamental para o seu negócio, não se deixe pegar desprevenido, se ocorrer um defeito no sistema ou o seu servidor entrar em pane.

Muitas organizações também têm seus desastres potenciais específicos, que você precisa identificar. Em cada caso, defina seu problema e estabeleça suas prioridades com antecedência, quando você pode pensar com clareza, para poupar tempo quando a crise realmente ocorrer.

O processo de refletir sobre essas potenciais emergências evidenciará todos os tipos de coisas que você pode fazer hoje, agora, para minimizar os danos quando alguma calamidade bater à sua porta.

2 planejamento para emergências

Agora você sabe exatamente qual problema irá enfrentar e quais são suas prioridades. Mas você ainda tem de decidir *como* irá tratar do problema. Novamente, se estiver diante de um acidente sério, chame a ambulância antes de mais nada. Mas, para a maioria das crises, por mais urgentes que sejam, você terá de fazer uma reunião de emergência. Até um acidente sério pedirá uma reunião de emergência, se a crise perdurar por algum tempo (por exemplo, se houver pessoas a resgatar). Faça a reunião *depois* de chamar os serviços de resgate.

Espere. Uma reunião? Você está brincando? Uma daquelas coisas intermináveis em que nós gerentes consumimos todo o nosso tempo, em que as pessoas falam durante horas e ninguém faz nada? Reuniões já são uma perda de tempo mesmo quando você *tem* tempo para perder. Mas, numa crise, não seria a última coisa que você precisaria fazer?

Bem, esse tipo de reunião, sim. Mas não é esse tipo de reunião que você irá fazer. Você fará uma reunião expressa – se necessário, ultra-expressa – com o único e exclusivo objetivo de gerar ação rápida. Não, não se trata de uma contradição; esse tipo de reunião é perfeitamente possível.

REÚNA SUA EQUIPE

Quando você se encontra no meio de uma crise, tem de arrebanhar todos os que estiverem disponíveis para ajudar, até conseguir resolvê-la. Mas, mesmo que a empresa como um todo esteja envolvida de alguma forma, nem todos farão parte da equipe de apoio. Tentar se recuperar de um desastre coordenando uma equipe de quinhentas pessoas é um processo lento e penoso. E você não tem tempo para tudo isso. Portanto, você precisará de uma equipe seleta que lhe dê retaguarda durante a crise e que possa, se necessário, mobilizar outras forças quando delas precisar.

Geralmente, a sua equipe de apoio em uma crise consistirá do seu pessoal imediato. Ou, se você gerenciar várias equipes, poderá ser o pessoal mais diretamente envolvido no problema. Quem quer que seja a sua equipe, você irá querer cerca de meia dúzia de pessoas no centro dessa operação de recuperação. Então, convoque-as para uma reunião de emergência.

Para a maioria das crises, por mais urgentes que sejam, você terá de fazer uma reunião de emergência

II use a cabeça

MOSTRE O QUANTO SUA EQUIPE É IMPORTANTE

Num mundo ideal, você teria umas quatro ou cinco pessoas à sua volta. Mas talvez você não esteja habitando um mundo ideal – aliás, se fosse ideal, não haveria crise! Se a sua equipe imediata tiver, digamos, sete ou oito pessoas, talvez você tenha de envolver a todos. Se deixar um ou outro de fora, estes se sentirão profundamente rejeitados, sendo portanto melhor, na maioria dos casos, envolver a todos para que se mantenham motivados e se sintam valorizados.

RESUMA A SITUAÇÃO

Pode parecer desnecessário resumir o que está acontecendo, mas é fácil supor que todos sabem o que está ocorrendo, quando, na verdade, não sabem. Mesmo que percebam que o computador pifou ou que metade dos colegas não apareceu para trabalhar, as pessoas ainda assim precisarão ouvir isso de você. E precisarão também que você lhes diga quais as implicações. Elas poderão ter se esquecido de que hoje é o dia de rodar todos os cheques de pagamento, por exemplo.

Somente expondo com clareza o problema e suas implicações você terá absoluta certeza de que todos entendem, tanto quanto você, que há uma crise instalada. E quando você está coordenando uma operação de crise, é ainda mais essencial do que nunca que todos trabalhem exatamente de acordo com um único conjunto de informações, regras e prioridades. O menor erro poderia transformar uma crise em um desastre, agora.

Isso vale especialmente para aquelas crises em que há envolvimento moral dos funcionários. Suponha que você, ou talvez os seus chefes, estejam prestes a efetuar demissões por ociosidade. Você precisará se reunir com os colegas para tratar dessa crise (de maneira um pouquinho menos urgente do que se o prédio estivesse em chamas, porém, não menos importante). Se vocês todos não transmitirem exatamente a mesma versão dos fatos às respectivas equipes, os boatos e especulações rapidamente se espalharão e você terá um pesadelo pela frente. Por isso, sempre vale a pena resumir a situação.

Esse resumo poderá tomar apenas alguns segundos: "Bom, gente, é o seguinte: o computador encrencou e não sabemos ainda quanto tempo o conserto vai demorar, nem quantos dados perdemos, se é que perdemos. Isso significa que não poderemos processar pedidos nem emitir faturas, e também não temos idéia de quais pedidos terão de ser despachados hoje."

É fácil supor que todos sabem o que está ocorrendo, quando, na verdade, não sabem

Defina o problema e eleja prioridades

Você provavelmente já passou por esse processo antes, como vimos no capítulo anterior. Se já passou, diga à sua equipe exatamente qual é o problema real e quais são as prioridades, no seu modo de entender. Mas verifique se alguém por acaso teria identificado algum outro problema ou prioridade que lhe tenham escapado. Talvez você tenha passado a manhã cuidando de algumas reclamações importantes e, agora, com a pane, não conseguirá acessar os dados do cliente para resolvê-las – essa poderia ser uma prioridade que lhe tenha passado despercebida.

pense rápido

UM AR DE AUTORIDADE

Para essa reunião você terá de adotar um tom enérgico e confiante, porém sem resvalar para o autoritário. Considere duas coisas: por um lado, você precisa transmitir um ar de urgência (sem pânico), para que as pessoas não pensem que poderão passar horas debatendo as minúcias do problema. Essa é uma reunião para se fazer em pé, não uma reunião em que todos possam se sentar calmamente para discutir. Por outro lado, você não quer tolher contribuições valiosas, dando a entender que não há tempo para ninguém abrir a boca e só você pode falar.

Discuta suas opções

Promova um *brainstorming*, incentivando a equipe a apresentar todas as idéias que puder para enfrentar o problema (isto é, o problema *real*). Se você tiver identificado vários problemas, gaste todo o tempo de que dispuser – mesmo que sejam apenas um ou dois minutos – expondo cada uma das prioridades (começando, é lógico, pela prioridade máxima).

Talvez você possa anotar todos os pedidos manualmente, por telefone. Ou explicar o problema aos clientes e combinar de ligar novamente para anotar os pedidos normais assim que o computador voltar a funcionar, reservando a anotação manual somente para os pedidos urgentes. Ou talvez você possa solicitar aos clientes que costumam fazer pedidos por telefone que o façam desta vez por fax.

Para resolver a questão do despacho das encomendas do dia, talvez você possa identificá-las consultando as notas fiscais enviadas quando da emissão do pedido. Ou talvez você tenha muitos clientes habituais e possa telefonar-lhes, explicando o problema e perguntando-lhes se há uma entrega prevista para os próximos dias. Ou, quem sabe, sua melhor opção seja desistir de tentar fazer as entregas, esperar que os clientes liguem dentro de alguns dias para perguntar sobre seus pedidos e, então, enviar por serviço expresso as encomendas aos reclamantes.

Incentive a equipe a apresentar todas as idéias que puder para enfrentar o problema

Essa sessão, que não precisa ser longa, poderá trazer à luz inúmeras maneiras engenhosas de lidar com o problema, ou, pelo menos, algumas maneiras de contornar parte dele.

NÃO TOME DECISÕES DESNECESSÁRIAS

Você não tem tempo a perder; portanto, não faça nada que *não* tenha obrigatoriamente de ser feito. Por exemplo, não perca tempo tomando decisões inúteis para o momento. Por isso, não diga: "Por enquanto, só iremos anotar os números de telefone dos clientes e ver se conseguimos que o computador volte a funcionar até a hora do almoço. Se não conseguirmos, começaremos a anotar os pedidos manualmente à tarde."

pense rápido

NADA DE "E SES...?"

Siga uma regra de ouro: nunca tome uma decisão que dependa de informações que você não tem. Nada de decisões com base em hipóteses. A única cláusula desta regra é que você não deve tomar uma decisão agora que acabe por colocá-lo contra a parede, caso certos fatos ocorram. Por isso, não prometa aos clientes ligar de volta amanhã, se não tiver certeza de que até esse prazo poderá voltar a atender pedidos.

Por que decidir agora o que fazer à tarde? Até a hora do almoço você já poderá ter a informação de que o computador será consertado até às 2h30 da tarde. E já poderá ter anotado duzentos recados para efetuar pedidos. Ou somente quatro. Até a hora do almoço, você não terá condições de saber o que fará, se o computador não for consertado; portanto, não se preocupe com isso no momento. Por ora, simplesmente decida anotar os números de telefone e reconsiderar as medidas na hora do almoço.

Distribua tarefas

A esta altura, sua reunião deverá ter consumido não mais do que dez minutos. Mas, se a urgência for máxima, é possível que você tenha chegado a este ponto em apenas dois minutos. Agora é hora de partir para o ataque, então você precisará distribuir tarefas a cada pessoa de sua equipe. Você poderá distribuí-las diretamente ou designar que alguns membros da equipe sejam responsáveis por determinadas tarefas que, por sua vez, poderão ser delegadas – ou ambos, é claro. O próximo capítulo versará especialmente sobre como distribuir tarefas da maneira mais eficiente possível; por isso, não perderemos tempo com o tema agora.

Verifique se todos entenderam

O impulso, agora, é despachar todo mundo para que cada um cuide de sua parte. Mas há um último detalhe, antes de você encerrar a reunião: assegure-se de que todos tenham um entendimento absolutamente claro do problema, das decisões que você acabou de tomar e das tarefas que foram atribuídas a cada um. Se você não fizer isso, poderá gerar grandes transtornos: as pessoas poderão direcionar mal suas energias, perderão preciosos minutos nas atividades erradas ou desperdiçarão esforços realizando tarefas em duplicidade. E, o que é pior, poderão até agravar a crise.

Suponha que você peça à sua equipe para coordenar a evacuação do prédio e conduzir todos ao estacionamento, porque telefonaram avisando que há uma bomba no refeitório. Na pressa, um de seus colaboradores direciona todos os clientes para o estacionamento dos funcionários – que fica ao lado do refeitório – ao invés de para o estacionamento de visitantes. Essa pessoa ouviu as palavras "refeitório" e "estacionamento" e, no pânico, juntou dois mais dois e o resultado foi três e meio.

Por isso é vital recapitular, verificando se as pessoas entenderam claramente o que se discutiu e pediu, especialmente se houver a possibilidade de elas entrarem em pânico e não raciocinarem como de hábito. Mostrar às pessoas que sempre há tempo para conferir se todos entenderam ajuda-as a se acalmarem, incentivando-as a perguntar sem constrangimento, se tiverem alguma dúvida.

para a próxima vez

Imprima um pró-memória para reuniões de emergência e tenha-o à mão para a próxima vez que tiver de fazer uma delas. O conteúdo deve ser o seguinte:

- Resuma a situação e suas implicações.
- Defina o problema.
- Eleja prioridades.
- Discuta as opções.
- Tome as decisões necessárias – somente as necessárias.
- Distribua tarefas.
- Verifique se todos entenderam.

Convoque uma reunião anualmente com sua equipe para discutir o que deve ser feito em cada uma das situações críticas para as quais você já decidiu fazer um planejamento (aquelas que identificamos no final do capítulo anterior). O ideal, na verdade, é fazer uma reunião específica para cada uma dessas potenciais emergências. Isso lhe poupará um tempo precioso, quando elas acontecerem, ajudando também a apontar quaisquer falhas gritantes no seu sistema. "Quer dizer que, se o computador pifasse, não teríamos condições de saber quais pedidos despachar? Então deveríamos tomar alguma precaução, antes que aconteça."

Você precisa repetir esse exercício todos os anos, caso contrário, quando a próxima grande crise chegar, ninguém se lembrará sequer de que havia um plano. E, se as pessoas se lembrarem, acabarão descobrindo que a pessoa importante de contato nessa emergência saiu da empresa há dois anos, ou que os planos para evacuar o prédio envolvem concentrar todos no estacionamento que já não mais existe, desde o ano passado, quando em seu lugar foi construída a nova unidade da engenharia (que, por sua vez, também não consta dos planos de evacuação). Portanto, atualize os seus planos anticrise anualmente.

Assegure-se de que todos tenham um entendimento absolutamente claro do problema, das decisões que você acabou de tomar e das tarefas que lhe foram atribuídas

3 distribuindo tarefas

Lidar com uma crise é, essencialmente, agir. Como já vimos, quanto mais tempo você tiver para pensar, mais racionalizada e eficiente será sua ação. Mas a maior parte do exercício provavelmente consistirá de fazer, e não de falar. Mesmo que a crise seja de natureza moral, você terá de arquitetar um plano de ação, possivelmente convocando as pessoas para conversar ou estabelecendo novas maneiras de trabalhar. Já em uma emergência de curto prazo você fará qualquer coisa, de ajudar a enxugar o chão do subsolo a improvisar um expositor para a feira com caixas, plástico e papelão e usados.

Portanto, se é de ação que você precisa, é melhor ter certeza de que vai agir corretamente, e que essa ação ficará a cargo da pessoa certa. Na reunião de emergência, você já deve ter identificado as tarefas mais importantes ao definir o problema e estabelecer prioridades. Você sabe que vai precisar evacuar o andar de cima, ou convencer os diretores a dar uma ajuda no departamento de vendas porque ninguém está disponível para atender pedidos, ou mudar todos os equipamentos delicados para um lugar fora da área de perigo, ou conseguir que lhe mandem outra peça de mostruário de sua filial do interior.

Para ser ágil, você também terá de distribuir grupos de tarefas a pessoas responsáveis que tenham condições de assumi-las. Por exemplo, você poderá designar uma ou duas pessoas para o serviço de enxugar o chão do subsolo ou emitir manualmente os cheques de pagamento de salário. Esses serviços incorporarão diversas tarefas, que você não tem tempo nem de identificar, nem de atribuir a cada pessoa individualmente; por isso, eles precisarão ser atribuídos a pessoas que tenham iniciativa própria, que saibam identificar cada uma das tarefas e que tratem de executá-las.

use a cabeça

ENTREGANDO AS RÉDEAS

Às vezes, você não é a pessoa ideal para encarregar-se da operação de crise. Sei que você é o chefe, mas, talvez o seu gerente de marketing tenha mais habilidade para lidar com a situação. Ou o seu gerente de loja, ou então o especialista em computadores. Portanto, delegue: sua obrigação mais importante é decidir quem ficará encarregado. Depois, saia do caminho. Não abdique de suas responsabilidades – esteja por perto, se ele precisar de você. Mas deixe que ele tome as decisões.

Não caia no atoleiro

Alguém precisa ficar de olho no quadro maior e coordenar toda a operação de crise. E esse alguém é você. Você precisa estar disponível para que:

- **saiba o que está acontecendo;**
- **possa ser consultado se surgirem novos problemas (como se já não bastassem os que você já tem) ou idéias (estas, sim, bem-vindas);**
- **tenha tempo e lucidez para se manter no comando da operação, tomar decisões e convocar reuniões a fim de rever decisões, quando considerar necessário.**

Isso significa que você deveria fazer o possível para não assumir quaisquer outras tarefas importantes. Claro, se o conserto do caminhão for a única solução para resolver o problema e você for o único mecânico treinado disponível, acho que você precisará assumir a tarefa. Mas, do contrário, fique livre de quaisquer tarefas que requeiram concentração.

Isso também não significa que você deva ficar de papo para o ar. O mais sensato é ficar disponível para dar uma ajudinha em alguma tarefa que não exija raciocínio nem concentração, e que você possa largar a qualquer momento, se surgir algo que requeira a sua atenção. Por isso, ajude a enxugar o chão, mover equipamentos, recolher papelada – esse tipo de coisa. E o seu pessoal vai adorar vê-lo colaborar em tarefas tão humildes.

use a cabeça

NÃO PISE NO CALO DOS OUTROS

Se estiver fazendo algo manual, que possa ser abandonado quando for preciso, você estará presumivelmente trabalhando em uma tarefa que foi atribuída a outra pessoa. Talvez você tenha encarregado a Luíza de transferir todos os equipamentos de lugar e esteja dando uma mãozinha, levando os arquivos de disquetes. Nessa situação, lembre-se de quem é o encarregado. É a Luíza. Não tente assumir você toda a tarefa – caso contrário, quando o chamarem para atender outro assunto, a Luíza ficará em franca desvantagem, sem contar que poderá ficar bastante aborrecida com você, justamente nessa hora em que você tanto precisa do apoio e do entusiasmo dela. Você simplesmente estava dando uma mãozinha para a Luíza na operação de salvamento dos equipamentos. Mas, se surgir algo que compete ao gerente responsável resolver, você terá de estar a postos.

QUEM FICA COM QUAL TAREFA?

Então, a quem você dará cada tarefa, ou grupo de tarefas? Bem, obviamente não posso responder com exatidão a essa pergunta, porque desconheço a natureza de sua crise e as pessoas a quem você poderia recorrer. Mas há certos tipos de pessoas e há certos tipos de tarefas. E você deve procurar ligar a pessoa certa à tarefa certa.

Portanto, aqui vai uma breve descrição de oito tipos principais de pessoas que você poderá querer (ou não querer) à sua volta em uma crise, e qual tipo de tarefa designar a cada uma delas. Procure identificar o máximo possível de tipos dentro de sua própria equipe.

1 **O servil.** É útil ter uma pessoa que executa ordens bem perto de você, em situações de emergência. Se você disser: "Chame uma ambulância", ou "Coloque estas coisas nas prateleiras de cima, primeiro", ela o atenderá. Algumas poderão até argumentar: "Você não acha que bastaria um médico?", ou "Por que a gente não coloca estes aqui primeiro, antes daqueles?"

Às vezes, alguns podem ajudar propondo soluções melhores do que as suas, mas, em uma emergência, a rapidez da decisão é freqüentemente mais importante do que propriamente a sua natureza. Se você ficar ponderando muito, vai hesitar entre uma e outra decisão, e agir é melhor do que discutir, neste caso. Uma pessoa servil e confiável ao seu lado não só irá arregaçar as mangas e executar suas instruções, mas também, ao fazê-lo, dará um bom exemplo ao resto da equipe.

2 **O cabeça-fria.** Essa é a pessoa a ser colocada no olho do furacão. Ela poderá saber raciocinar por conta própria ou poderá não saber, não importa. Você poderá dizer a ela o que fazer, se ela não for bem do tipo que sabe tomar decisões. Você só precisará que ela faça o serviço estressante. Provavelmente, o cabeça-fria será o seu

socorrista. Caso contrário (você poderá ter a sorte de ter mais de um cabeça-fria em sua equipe), ele poderá ajudar o socorrista, ou ser a pessoa indicada para verificar se não há mais nenhum cliente no prédio, depois da evacuação.

3 **O tomador de decisões.** Freqüentemente, em uma emergência, há dois lugares onde as coisas estão acontecendo: o incêndio é no primeiro andar e as pessoas que evacuaram o prédio estão sendo verificadas e contadas no estacionamento. Ou, no caso da inundação, alguém tem de ir detê-la, enquanto outra pessoa começa a agir para limitar os danos. Você não pode estar em dois lugares ao mesmo tempo, então precisará que alguém faça o seu papel em um lugar, enquanto você está em outro.

4 **O apavorado.** Esse é o tipo de pessoa a ser afastado da cena o mais rápido possível. O problema é que você não pode dizer isso a ele. Então encontre uma tarefa plausível que precise ser feita urgentemente e que tire essa pessoa do caminho: "Patrícia, o Roberto não vai conseguir consertar este vazamento sem ferramentas. Será que você pode tentar arrumar algumas?"

5 **O gregário.** Algumas crises só podem ser resolvidas com a ajuda de terceiros. Alguém precisa telefonar para a empresa de mudança e implorar para que mande um carregador que ajude a mover

Em uma emergência, a rapidez da decisão é freqüentemente mais importante do que propriamente a sua natureza

use a cabeça

DECIDINDO QUEM SERÁ O TOMADOR DE DECISÕES

O tomador de decisões deve não apenas saber pensar por conta própria, ele também deverá ter autoridade perante sua equipe. Isso pode acontecer por ele ser mais velho ou por ocupar um cargo mais elevado, mas nem sempre será necessariamente assim – ele simplesmente poderá ser alguém por quem a equipe tem um respeito natural. Dessa forma, não haverá argumentação quando você disser: "Será que vocês três podem ir ajudar o Roberto a evacuar o segundo andar?"

os equipamentos sob risco de inundação, e também suplicar a um encanador para vir em no máximo meia hora atender à sua emergência – além de precisar verificar se alguém em algum outro departamento da empresa por acaso tem alguma experiência em hidráulica. Algumas pessoas são particularmente hábeis nisso – sabem a quem telefonar e não se importam de pedir favores.

6 **O detalhista.** Se uma pessoa *sabe* que o papel dela é ficar ao seu lado e lhe dizer o que você se esqueceu de fazer, é bem provável que ela se lembre das coisas que lhe escaparam. Para esse papel, você precisará de alguém que se limite às coisas importantes. É de inestimável valor ter um membro na equipe que ocasionalmente lem-

bre a você que, se houver uma queda de energia, os portões eletrônicos do estacionamento não abrirão e o carro do corpo de bombeiros não poderá entrar. Ou que sugira, 45 minutos depois de iniciada a inundação, que seria melhor cancelar o compromisso desta tarde com o seu maior cliente *antes* de ele sair do escritório para vir ao seu encontro.

7 **O quebra-galho.** Como é que você vai salvar aquela máquina da inundação, se ela é grande demais para passar pela porta e ser transportada escada acima? Deixe isso com o quebra-galho – e um ajudante, se dispuser de um – enquanto você continua equacionando todo o resto. Esse tipo de problema poderá tomar demais o seu tempo em uma emergência; portanto, passe-o para alguém.

8 **O solidário.** Muitas vezes é de fundamental importância ter alguém para acalmar as pessoas – tranqüilizar clientes que estejam sendo retirados do local por motivo de incêndio, ou segurar a mão de alguém enquanto a pessoa está esperando por uma ambulância. Essa não é uma tarefa a ser dada ao primeiro que passar pela sua frente. Exige habilidade e algumas pessoas são muito mais indicadas para desempenhá-la do que outras. Pode até ser algo que o apavorado faria muito bem, passado o seu choque inicial.

Alguns problemas poderão tomar demais o seu tempo em uma emergência; portanto, passe-os para alguém resolver

Forme uma equipe forte

Quando se trata de lidar com uma crise, não existem regras rígidas, porque tudo depende do tipo de emergência. Mas as coisas transcorrerão com muito maior facilidade, se você seguir essas orientações sobre quais papéis atribuir a quais membros de sua equipe. Em geral, uma equipe forte, afinada e acostumada a trabalhar junto sempre se sairá melhor em uma crise – mesmo uma crise totalmente inesperada e não-ensaiada – do que um grupo fraco ou heterogêneo.

Isso ocorre porque cada membro da equipe entende seu papel ou função e sua relação com os outros, de forma que pode transpor muitas das

use a cabeça

DEIXE QUE TODOS AJUDEM

Algumas crises se resolvem instantaneamente e requerem apenas uma ou duas pessoas lúcidas para lidar com elas. Mas outras duram mais tempo – talvez você tenha de pedir voluntários para ficar até mais tarde ou trabalhar no fim de semana ajudando a enxugar o seu subsolo inundado e a salvar o seu delicado equipamento eletrônico. Nesses casos é importante envolver a todos, caso contrário, as pessoas que você deixar de fora poderão sentir-se preteridas. Por isso, encontre maneiras de fazer com que todos sintam que ajudaram a salvar o dia.

barreiras de comunicação que costumam confundir ou desacelerar outros grupos de pessoas. Por exemplo, uma boa equipe instintivamente se voltará para a pessoa mais adequada para ficar no comando, independentemente de seu cargo, ao passo que um grupo desigual freqüentemente fracassará na tarefa de "nomear" um líder apropriado.

use a cabeça

NÃO FORCE A SITUAÇÃO

Você não pode forçar as pessoas a fazer determinadas tarefas (por exemplo, atuar como socorristas); elas precisam se entusiasmar com a idéia. Portanto, se alguém preferir não se encarregar de alguma função, peça logo para o próximo da lista.

para a próxima vez

Planeje com antecedência quais são as pessoas ideais para desempenhar cada tipo de função em uma emergência. Esse é um exercício útil para você e sua equipe, quando fizer sua reunião anual de planejamento de situações críticas (a qual mencionei no final do último capítulo). Se todos concordarem em relação a quem fica encarregado de tomar decisões, por exemplo, a equipe mostrará envolvimento e lealdade quando as habilidades dessa pessoa forem colocadas à prova, em uma situação de crise.

Não é preciso dizer que nem todos os papéis descritos neste capítulo devem ser discutidos abertamente entre os membros da equipe. Você pode identificar com antecedência o tipo "apavorado", mas guarde a observação para você. Os papéis mais importantes em torno dos quais você e sua equipe devem se pôr de acordo são:

- cabeça-fria
- o tomador de decisões
- o gregário
- o quebra-galho
- o solidário.

Quando chegar a hora, quanto mais cientes as pessoas estiverem de seu papel principal (o papel secundário de todos é fazer qualquer outra coisa que seja necessária), mais facilidade terão em trabalhar juntas, mais úteis se sentirão e maior eficiência demonstrarão na resolução do problema.

Há um outro passo vital que você pode dar para se preparar antecipadamente para uma crise: procure ter em sua própria equipe pelo menos um socorrista qualificado. Mas não peça voluntários, simplesmente. Faça uma lista de pessoas da equipe que estejam sempre presentes no local de trabalho e depois corte os nomes de todos aqueles que você suspeita que perderiam o controle, em uma situação de emergência. Agora você tem uma lista viável de potenciais socorristas. Decida quem seria o melhor em uma crise e pergunte-lhe se ele gostaria de ser treinado na função.

Se dentro da equipe houver grupos que costumam estar em outros lugares – por exemplo, pessoas que costumem participar de feiras comerciais, com pesados stands para montar – você poderá decidir que um deles também faça um treinamento de primeiros socorros. Após o curso, poderá ser bastante útil pedir ao novo socorrista que converse com a equipe sobre as principais coisas que aprendeu.

Leve a sério o treinamento dessas pessoas. Posso lhe dizer, a partir de minha experiência pessoal, que, se sua empresa o mandar fazer um curso de treinamento de primeiros socorros de um dia e depois nunca mais tocar no assunto, durante cinco anos, ela não poderá contar com você, se ocorrer de alguém parar de respirar ou começar a sangrar profusamente. Você não terá a menor idéia do que deve fazer. O treinamento de primeiros socorros tem de ser recapitulado regularmente.

Planeje com antecedência quais são as pessoas ideais para desempenhar cada tipo de função em uma emergência

4 usando o tom adequado

Ter de lidar com a crise e equacionar os problemas práticos dela resultantes já não seria o bastante para você? Mas, não! Você não vai se livrar assim tão facilmente! Enfrentar uma crise é o tipo de situação que o faz pensar que ou não existe um deus, ou, se existe, ele deve estar terrivelmente mal-humorado.

Veja, a maneira como você lida com essa crise não apenas influirá nas próprias conseqüências, como também terá um enorme impacto sobre o estado de espírito da equipe e sobre a sua posição dentro dela. Seja você o chefe de cinco ou de quinhentos, essas poucas horas estabelecerão um padrão que será muito difícil de mudar de uma hora para outra. Enfrentada de maneira desastrada, essa crise afetará o moral da equipe, fazendo com que você perca o respeito e a lealdade deles. Mas, contornada habilmente (que é a maneira como você a conduzirá), fará crescer o entusiasmo da equipe, reforçando sua identidade e confirmando a sua liderança.

Por isso, este capítulo tratará exclusivamente da psicologia, digamos assim, que há por trás de como lidar com uma crise. Como fazer com que sua equipe lhe dê retaguarda e fique firme até o fim. Isso é especialmente importante diante de crises que afetam o estado moral da equipe, tais como demissões por justa causa, morte de um colega, fracasso coletivo e assim por diante. A segunda parte deste capítulo se concentrará nesses tipos de situações de emergência.

Espírito de luta

Crises geram alterações emocionais, que podem variar de perturbação a medo. Você mesmo sabe que é muito mais sensível quando está sob o domínio de algum estado emocional. Por isso, o seu comportamento agora produzirá uma forte impressão em todos. A abordagem correta irá unir a equipe e torná-la mais forte para o futuro, bem como para a situação do momento.

É comum o grupo imbuir-se de um espírito de luta, na medida em que não tem alternativa, senão trabalhar em conjunto, assim reforçando positivamente a sua identidade. Muitas vezes, as pessoas fortalecem suas posições na equipe, quando os colegas descobrem nelas talentos que desconheciam. Uma pessoa se sente alvo de nova admiração quando todos notam que ela fala polonês fluentemente, ou que consegue memorizar meia dúzia de números de telefo-

Essas poucas horas estabelecerão um padrão que será muito difícil de mudar de uma hora para outra

II use a cabeça

POUCOS SABEM DO QUE ELA É CAPAZ

Uma crise é uma grande oportunidade para a revelação de talentos ocultos na sua equipe. Os papéis tradicionais se diluem bastante sob pressão, tornando-se muito mais flexíveis. Portanto, se uma pessoa se dispuser voluntariamente a fazer alguma tarefa que você em uma situação normal não associaria a ela, tente lhe dar a oportunidade. Poderia operar maravilhas, elevando seu moral.

nes instantaneamente, ou que, diante do sumiço da chave do carro da empresa, numa emergência, sabe como fazer uma ligação direta da ignição.

Mas a atitude errada pode criar fortes ressentimentos, desarmonizar os membros da equipe e golpear o seu moral. E o segredo de tudo isso não está no tipo de ação, mas na forma de comunicação. Portanto, você precisa seguir as sete regras essenciais para se comunicar com sua equipe em uma crise, assegurando assim que todos se unam e trabalhem em harmonia.

AS SETE REGRAS DA COMUNICAÇÃO EM SITUAÇÕES DE CRISE

Aqui estão os sete princípios básicos para assegurar que a equipe que você está comandando em uma situação de crise saia dela mais forte do que entrou.

1 **Mantenha a todos informados.** Procure sempre transmitir à sua equipe quaisquer informações importantes, à medida que a crise for se desenrolando. Não espere até a sua próxima reunião amanhã de manhã para informar algo que eles precisam saber agora. Ignorância e desinformação levam a erros em uma crise.

Por exemplo, se você sabe que o forte temporal de ontem desestabilizou o telhado do prédio da engenharia, não confie que todos obedecerão à sua instrução genérica de não entrar lá. Diga a todos claramente que há risco de desabamento. Caso contrário, alguém poderá resolver usar de iniciativa própria e entrar no prédio para verificar se a energia elétrica está desligada ou para salvar equipamentos de valor ou arquivos de dados vitais.

2 **Reúna a equipe para dar informações ou instruções importantes.** Todos sabemos como funciona aquela brincadeira em que as pessoas vão passando uma mensagem de uma para outra ao longo de uma fila até que ela acaba distorcida e irreconhecível, mas esta não é a hora para esse tipo de exercício. A única maneira de ter certeza de que todos têm a mesma informação e estejam trabalhando de acordo com o

Procure sempre transmitir à sua equipe quaisquer informações importantes, à medida que a crise for se desenrolando

pense rápido

CONVERSAR TRABALHANDO

Se não houver condições de parar o trabalho nem por um segundo, converse com as pessoas enquanto elas trabalham – mas somente se o trabalho for tão pouco exigente que elas possam prestar atenção no que você diz sem prejuízo do que estejam fazendo: elas poderão mover pilhas de livros ou tirar água do chão com baldes enquanto você conversa com elas.

mesmo conjunto de instruções é reunindo a equipe em um lugar e conversando com todos de uma só vez. Faça isso, mesmo que o telefone fique tocando por cinco minutos sem que você possa atendê-lo, enquanto fala com o seu pessoal. A longo prazo, isso lhe poupará tempo, bem como outros problemas.

3 **Deixe que a equipe faça perguntas.** Sei que você quer acabar a reunião o mais rápido possível e voltar ao trabalho. Mas, se as pessoas não tiverem a oportunidade de fazer perguntas e esclarecer dúvidas – coletiva ou individualmente, poderão confundir as coisas, não entender as prioridades ou interpretar mal suas instruções. Não se esqueça: algumas pessoas da sua equipe poderão estar em pânico, e isso as impedirá de pensar com clareza. Se você não permitir pergun-

II use a cabeça

TOM DE VOZ CALMO

Ao conversar com sua equipe, procure ficar atento ao tom de sua voz. Você pode estar ofegante, preocupado ou correndo contra o relógio, mas seu papel é evitar que o pânico tome conta da equipe. Portanto, não permita que as pessoas percebam qualquer coisa em sua voz que possa alarmá-las. Demonstre que você não está em pânico; então, por que elas deveriam estar?

tas, por mais tempo que isso pareça levar – estará pedindo que elas se lancem ao ataque armadas de informações incorretas, falsas prioridades e instruções equivocadas. Será que isso é sensato?

4 **Envolva as pessoas nas decisões importantes.** Essa é a solução ideal, porque, se as pessoas estiverem envolvidas, irão se sentir comprometidas com a decisão e responsáveis por comprovar o seu acerto. Obviamente, você não poderá, na emergência da situação, ficar fazendo questionários e reuniões para discutir detalhadamente as melhores soluções para a sua crise. Mas procure promover o máximo envolvimento possível das pessoas.

Seja você responsável por dezenas ou centenas de pessoas, saiba que geralmente não é possível envolver a totalidade delas. Mas normalmente é possível envolver a sua equipe imediata na maioria das decisões. Perguntas do tipo "Quem acha que deveríamos chamar uma ambulância, então?" podem não ser uma tentativa sensata de envolver as pessoas em uma decisão, mas você pode pedir opiniões sobre se deveria concentrar esforços na substituição do *stand* avariado ou se deveria esquecer o *stand* e se preocupar em repor o material que seria exposto.

Quando você tem mais tempo – naquelas crises igualmente graves, mas que se desenrolam mais lentamente – certamente pode envolver as pessoas nas decisões. Por exemplo, se uma pessoa do seu departamento morreu, você pode consultar os colegas sobre quem gostaria de ir ao enterro.

5 **Esteja disponível.** Se a crise que você tem em mãos de alguma forma trouxer aborrecimentos ou envolvimento emocional – de sanar as avarias em um imóvel a pedir que as pessoas trabalhem horas extras não programadas – os seus colaboradores poderão precisar conversar com você. Eles poderão estar preocupados, frustrados, aborrecidos ou até mesmo furiosos. Se perceberem que não podem se aproximar porque você está ocupado demais para atendê-los, irão se sentir contrariados ou desmoralizados. Por isso, arranje tempo para

ouvir desabafos, pedidos de conselho ou simplesmente lamúrias: eles precisam de você.

6 **Demonstre que você está do lado deles.** Procure deixar claro para todos que trabalham com você que o bem-estar deles está em primeiro lugar. Faça-os perceber que você está trabalhando para salvar a propriedade deles, ou para obter da diretoria uma decisão quanto a horas extras, ou para conseguir uma prorrogação do prazo de entrega do projeto. Se as pessoas compreenderem que você está trabalhando para elas, farão questão de trabalhar para você, em retribuição.

use a cabeça

SETE REGRAS DE OURO

Se você é inteligente, terá notado que as regras essenciais da comunicação sob pressão são também regras essenciais para a comunicação em quaisquer outras situações. Elas apenas são mais importantes em uma crise porque nela tudo fica exacerbado – emoções, conseqüências (boas ou más) e o nível de atenção de todos. Eis por que um bom gerente costuma se sair bem em situações críticas: ele pode não ser necessariamente a pessoa mais cabeça-fria do mundo, mas, instintivamente, fomenta uma atitude positiva naqueles que o cercam.

7 **Nunca perca o senso de humor.** A risada é o melhor remédio que existe para reduzir o estresse. Se você rir de alguma tirada bem-humorada ou mesmo for o autor dela, o resto da equipe o achará ainda mais calmo e no controle da situação. Manter a esportiva também ajuda a reduzir a pressão sobre as pessoas, indicando que você não irá espinafrá-las por qualquer erro banal que cometam.

A menos que se trate de um caso de vida ou morte, tenha sempre em mente que, a longo prazo, as pessoas são mais importantes do que a crise. Sim, é claro que você precisa fazer o seu *site* voltar a funcionar a pleno vapor novamente, ou recuperar o prédio para que volte à normalidade ou providenciar nova montagem do *stand*. Mas, até a semana ou o mês que vem, a crise já terá sido inteiramente esquecida. A equipe, entretanto, continuará tendo de trabalhar junto. Portanto, gerar um clima positivo e estimulante, que aglutine as pessoas, é da mais alta importância para o futuro da equipe.

Crise interna

O clima positivo é ainda mais importante quando a crise afeta diretamente a equipe como um todo. Muitas das crises que entram nesta categoria costumam durar dias ou até semanas, ao invés de horas. Mas ainda assim são crises sérias, valendo a pena discuti-las aqui em separado, porque o seu impacto no bem-estar da equipe a longo prazo poderá ser enorme. Os tipos de crise a que me refiro são, por exemplo:

- **cortes de pessoal;**
- **sobrecarga de trabalho – necessidade excessiva de horas extras, por exemplo;**
- **mudança importante – de fusões ou reestruturações a mudanças ou transferências do local de trabalho;**
- **más notícias – recusa do pedido do departamento para obtenção de recursos extras para a conclusão de um projeto ou para reacomodação em um espaço físico maior;**
- **fracasso da equipe – perda de concorrência ou de prazo para um projeto importante, ou ocorrência de sério acidente por negligência da equipe;**
- **furto no departamento;**
- **morte ou doença grave na equipe;**
- **relacionamentos amorosos devastadores (que possam chegar ao ponto de uma crise):**
- **demissão por justa causa.**

Todos esses casos têm repercussões a longo prazo, mesmo que a crise inicial dure relativamente pouco tempo. Portanto, você precisa procurar lidar

Uma crise poderá ter repercussões a longo prazo, mesmo que a emergência inicial dure relativamente pouco tempo

com eles de uma maneira que fortaleça a equipe ou o departamento, e não que os debilite. As sete regras da comunicação em situações de crise, que já examinamos, são importantíssimas aqui, mas há outras orientações que você precisará ter em mente, também, dependendo do tipo de problema. Então, analisemos cada tipo de crise individualmente.

Cortes de Pessoal

Presume-se que você não possa evitar cortes de pessoal, se forem necessários. Portanto, para minimizar os efeitos dessa crise, enfrente-a com sensibilidade e reconheça que mesmo aquelas pessoas que não entraram no corte se sentirão ameaçadas – as próximas poderão ser elas.

- **Mantenha a todos bem-informados desde o início, se possível. Não fique esperando até ter mais informações. As pessoas sempre acabam sabendo de situações críticas e começam a imaginar os piores quadros, muitas vezes mais graves do que a realidade; portanto, você não os estará protegendo, se ficar em silêncio.**
- **Não conte apenas o básico – conte tudo o que quiserem saber. Quantas pessoas entrarão no corte? Quais departamentos? Quais os critérios para decidir quem deve ser mandado embora?**
- **Mas não faça suposições. Se você não tiver a informação, pode tentar descobrir, mas não especule. O que você falar será levado ao pé da letra, eles não terão outro recurso.**

- **Uma vez promovidos os cortes, reúna o restante da equipe. Mostre a todos que vocês agora passam a ser um time mais enxuto e mais eficiente do que antes. E tranqüilize-os ao máximo, para que não sintam que acabarão indo pelo mesmo caminho.**

Sobrecarregando a Equipe

Sua equipe ou departamento poderão estar sobrecarregados em virtude de demandas exorbitantes da diretoria ou em razão da longa ausência de algum colega – por motivo de doença, licença sabática ou licença-maternidade, por exemplo.

- **Esteja disponível. Sim, estar disponível é sempre importante, mas neste caso em particular. Não é simplesmente o fato de as pessoas estarem trabalhando muito, elas muitas vezes poderão estar exercendo funções com as quais não estão familiarizadas ou num ritmo ao qual não estão habituadas. Portanto, é bem possível que precisem de mais compreensão ou atenção para solucionar dúvidas ou eleger prioridades.**

use a cabeça

ESTADO DE EMERGÊNCIA

Quando sua equipe está trabalhando sob qualquer tipo de estresse de longo prazo, é vital mostrar reconhecimento. Reconheça que as pessoas estão sob pressão, faça muitos agradecimentos e lhes dê recompensas.

- Esteja preparado para abrandar suas exigências. Se as pessoas estiverem tentando dar conta de uma carga maior de trabalho no mesmo intervalo de tempo, será preciso abdicar de alguma coisa. Aceite que nem tudo poderá atingir o mesmo padrão de qualidade que a equipe pode apresentar, quando está relativamente tranqüila.

- Assuma parte da carga de trabalho extra. Se alguém estiver ausente, digamos, em licença-maternidade, e você estiver distribuindo as tarefas dessa pessoa ao resto da equipe, assuma você mesmo uma parte delas. Ou dispense uma pessoa de alguma tarefa que ela executa rotineiramente, para que possa dar conta desse trabalho extra – tendo porém o cuidado de não dispensá-la da tarefa de que ela mais gosta ou que tenha grande importância para ela por motivo de status ou qualquer outro. Para não causar melindres, pergunte: "Quem sabe, eu poderia assumir algumas de suas tarefas por algum tempo, para que você tenha condições de cuidar dos clientes da Ângela e dos seus. Há alguma coisa que você gostaria de me passar?"

- Faça alguma coisa para amenizar a carga de trabalho, sempre que possível – e mostre que você está tentando reduzi-la. Às vezes a pressão dura um determinado período de tempo. Mas às vezes pode continuar indefinidamente. Suas palavras de solidariedade e compreensão, quando não acompanhadas de atitudes, vão acabar soando falsas; as pessoas da equipe começarão a sentir que, desde que você as fique elogiando e lhes dizendo o quanto elas são maravilhosas, você se achará dispensado de ter qualquer coisa a ver com o problema.

use a cabeça

PROBLEMA OU OPORTUNIDADE?

Alguns adoram mudanças e se divertem com o desafio. Procure assegurar que essas pessoas não diminuam ou deixem para trás as pessoas que são mais resistentes e que enxergam a mudança como uma crise a ser suportada, e não como desafio a ser vencido.

Enfrentando mudanças

Mudanças podem acontecer pelos mais variados motivos: fusões e incorporações, reestruturações, nova legislação que afete as práticas de trabalho da equipe, transferências, e assim por diante.

- **Para começar, avise a equipe com o máximo de antecedência possível sobre mudanças iminentes, e informe todos os detalhes que puder.**
- **Envolva o pessoal em todas as decisões possíveis, fazendo reuniões, solicitando comentários, sugestões e perguntas.**
- **Incentive as pessoas a expressar quaisquer sentimentos negativos e escute com compreensão – elas poderão resistir a mudanças porque se sentirão ameaçadas em sua segurança, ou porque sabem que demoram para assimilar coisas novas, ou porque acham que a importância de sua função ficará diminuída ou o seu trabalho se tornará**

O mal-estar do processo de mudança de instalações é causado não por razões operacionais, mas por questões de status

menos estimulante. Peça-lhes para serem bastante específicas em suas objeções.

- **Lide caso a caso com cada objeção. Naturalmente poderá haver algumas desvantagens legítimas em conseqüência das mudanças; admita-as, mas explique como elas serão mais do que compensadas pelos benefícios.**
- **Realizadas as mudanças, verifique regularmente se aqueles que ofereceram resistência estão se adaptando. Continue a fazê-lo até que eles lhe digam que já estão adaptados.**

Vale a pena examinarmos rapidamente o tema da mudança de escritório, porque é algo que a maioria dos chefes acha incrivelmente frustrante. Um grupo eficiente de pessoas lidará com o lado prático da mudança sem grandes dificuldades; o mal-estar do processo é causado não por razões operacionais, mas por questões de *status*. Essas poderão atingir dimensões de crise, causando rusgas e desentendimentos dentro do seu departamento, se você não as tratar com sensibilidade.

- **Algumas mesas ou salas são consideradas mais "importantes" do que outras. Mas isso nunca é admitido nos argumentos, e sim conduzido em termos operacionais: "Preciso ficar perto do estacionamento para trazer para dentro as caixas de amostras" ou "Como posso fazer entrevistas de seleção em uma sala aberta?"**
- **Raramente vale a pena evidenciar o subtexto do status; as pessoas sempre o negam. Mas, se você estiver ciente, mui-**

tas vezes será possível arranjar algum outro fator compensatório: o nome da pessoa na porta da sala, cartões de visita, uma alteração na denominação do cargo de "operador" para "executivo", ou alguma outra coisa que as acalme.

Leve em consideração que status não é algo que flutue livremente no ar: ele existe em relação às pessoas em volta. Portanto, é possível que o único motivo de o João estar descontente com a sala que você designou para ele seja porque ele não a acha tão boa quanto a que você designou para a Patrícia, sendo que ele considera o cargo dele tão importante quanto o dela. Nesse caso, você pode usar a mesma solução, mas, se também der à Patrícia cartões de visita ou um novo nome para o cargo, você não terá conseguido nada. Tente dar a esses tipos de rivais símbolos de status completamente diferentes, para que eles tenham dificuldade de se comparar entre si. O que é melhor: uma sala mais suntuosa ou um cargo com uma denominação mais pomposa? Realmente, é difícil dizer – e esperemos que o João e a Patrícia também tenham a mesma dificuldade.

use a cabeça

O VALOR DA DISTRAÇÃO

Depois de dar as más novas, tente apresentar ao seu departamento algum outro desafio em que as pessoas possam colocar suas energias, de preferência algo que você tenha certeza que vá funcionar. Por exemplo, se sua equipe tem talento para organizar e fazer apresentações, procure programar uma apresentação importante o mais brevemente possível, na seqüência das más novas, para ajudá-los a se distrair.

Você precisa ser o mais positivo possível, quando contar más notícias às pessoas

Más notícias

- **Afinal, você não vai se mudar para as novas e modernas instalações – a sua equipe é uma das que ficará no prédio velho e ultrapassado.**
- **Você já examinou o orçamento e simplesmente não haverá dinheiro para contratar mão-de-obra temporária para ajudar a terminar no prazo aquele contrato importante; o departamento terá de assumir sozinho toda a carga de trabalho extra.**
- **A diretoria acaba de anunciar que está planejando cortes, e uma das equipes afetadas provavelmente será a sua.**

Alguns tipos de más notícias afetam todas as pessoas. Ser o mensageiro delas não é uma tarefa agradável: elas arrasam o moral das pessoas e pode demorar um pouco até que elas se recuperem. Portanto, você precisa ser o mais positivo possível, quando lhes contar as más novas – dentro de certos limites, é claro, pois seria descabido mostrar animação ou otimismo exagerado.

- **Diga a elas o motivo da decisão. Se não foi você quem a tomou, descubra as razões de quem o fez.**
- **Fale que você está chateado com a decisão, e que acha que a equipe merecia se mudar para instalações melhores ou receber ajuda extra para o projeto. Mas que, infelizmente, as circunstâncias não o permitiram.**
- **Às vezes a opção é dar algum tipo de compensação. Por exemplo, se sua equipe não puder se mudar para o escri-**

tório novo, quem sabe você possa providenciar uma reforma que dê novo visual ao velho escritório. Ou, se você não puder contratar um empregado temporário, talvez possa terceirizar pelo menos uma parte do trabalho, para aliviar a carga de sua equipe.

Fracasso

Às vezes, más novas não decorrem simplesmente de má sorte. Talvez a equipe tenha perdido o contrato que trabalhou meses para conseguir pela simples razão de não ter tido o mesmo nível que o concorrente. Ou talvez a negligência da equipe tenha causado a morte de quatro ocupantes de um carro que se chocou contra uma barreira de segurança e a atravessou, quando deveria ter sido protegido por ela – quem construiu a barreira de segurança foi sua equipe, que nunca notou a falha. Todos os pontos acima discutidos aplicam-se a essas situações, aliados a algumas técnicas adicionais.

- **Não tente encobrir o fracasso; admita-o. "Falhamos". Deixe claro que você não está descontente com eles – afinal, você é um deles. Faça-os perceber que, como chefe da equipe, você reconhece que é o maior responsável.**
- **Seu papel, em relação aos seus próprios superiores, é assumir para si a culpa, mas dar crédito à sua equipe e aos seus membros (como reza a velha máxima militar: não há maus soldados, há somente maus comandantes). Os membros de sua equipe precisam saber que você está**

Seu papel é assumir para si a culpa, mas dar crédito à sua equipe

com eles também no fracasso, e que não está, para efeito externo, colocando a culpa neles.

- Faça uma reunião para analisar os erros ou pontos fracos. Enfatize para eles que, se vocês souberem aprender com os próprios erros, serão imbatíveis da próxima vez – ou, por outra, serão os últimos a cometer os mesmos erros novamente. Mas é crucial identificar e aceitar as próprias falhas.

- Feito isso, lembre à sua equipe que o saldo do episódio não é totalmente negativo. Deve ter havido algumas coisas que vocês fizeram bem feito e é preciso saber quais foram, para não rejeitá-las em conjunto com os erros. Separe o joio do trigo. Assim você terá uma forte mensagem positiva para terminar sua reunião de "mea-culpas".

- Passados um ou dois dias, comece a fazer piadas sobre o assunto. É até melhor – afinal, você não tem nada a perder. Com essa atitude, você mantém o clima leve e demonstra à equipe que, embora falhar não seja bom, também não é o fim do mundo. Vai aliviar a pressão que está sobre os ombros de todo mundo. Há aqui alguns pontos a lembrar:

  - cuidado para não levar na brincadeira erros que tenham causado doença séria, ferimentos ou morte;
  - não faça piadas ou brincadeiras com nenhum membro da equipe diretamente (exceto com você, se quiser);
  - não brinque com assuntos que reforcem o senso de inadequação da equipe. Toda piada tem um alvo. Por isso, procure focar suas brincadeiras em coisas como o concorrente que ganhou o contrato, a especificação, algum erro menor que tenha sido cometido pela equipe como

um todo, e não somente por uma pessoa, pequenos detalhes que tenham escapado ao controle – qualquer coisa, menos na equipe e seus membros individualmente.

Furto

Furto é caso de polícia. Não é seu papel procurar o culpado, embora seja sua responsabilidade, evidentemente, fazer tudo o que puder para ajudar a polícia a encontrá-lo. A potencial crise surge ao sobrevir a suspeita de que se trate de um serviço interno – ou seja, de que algum membro de sua equipe seja o ladrão.

- **Você deve se comportar normalmente. Transmita à polícia – confidencialmente – quaisquer informações que considere úteis, e pare por aí. Fique de olho aberto, mas não comece a vasculhar as mesas das pessoas na ausência delas, nem fique obsessivamente conferindo os lançamentos de caixinha de cada um. Elas perceberão instantaneamente o que você está fazendo.**
- **Se os membros de sua equipe pensarem, por um minuto que seja, que você não confia neles, isso trará danos virtualmente irreparáveis ao relacionamento de vocês. Se isso acontecer, quando o culpado for pego, todas as pessoas inocentes da equipe (e é possível que todas o sejam) terão de trabalhar com você sabendo que você as considerou capazes de roubar o próprio patrão. Se você apenas suspeitar de um ou dois, que acabem por se revelar inocentes, seu relacionamento com eles ficará ainda pior.**

Se os membros de sua equipe pensarem que você não confia neles, isso trará danos virtualmente irreparáveis ao relacionamento de vocês

use a cabeça

SEJA GENEROSO

Se você não estiver bem certo sobre quais concessões fazer ao resto da equipe, ou que medida tomar em relação à pessoa ferida ou à família de um empregado que morreu, sempre peque pela generosidade. Quer você esteja considerando quanto tempo conceder de dispensa, que tamanho de coroa mandar ao enterro ou se deve enviar algum mimo, ninguém reclamará de uma decisão generosa, mas qualquer um detestaria a sensação de trabalhar para um unha-de-fome.

- **Dê exemplo à equipe. Até prova em contrário, sua atitude deve ser: "Ninguém desta equipe faria uma coisa dessas. Ficaremos vigilantes, mas, já que nenhum de nós é culpado, não haveremos de permitir que isso atrapalhe o nosso trabalho e a nossa convivência."**

Morte ou doença grave na equipe

Esta é possivelmente a coisa mais chocante que pode acontecer em uma equipe, e precisa ser tratada com muita delicadeza. Os membros da sua equipe estarão com a sensibilidade à flor da pele e o julgarão severamente, se você se mostrar de alguma forma insensível. Procure não ficar nervoso demais – os outros perceberão que você também está chocado e lhe perdoarão eventuais erros por trauma ou inexperiência em lidar com o assunto.

- Ao receber uma notícia de morte, acidente ou diagnóstico de doença grave, convoque a equipe e transmita as más novas a todos imediatamente.

- Esteja preparado para a reação extremada de alguns colegas; se houver na empresa um médico ou um psicólogo, providencie para que ele esteja a postos. Se a notícia for inesperada e chocante, libere os colegas mais próximos da pessoa pelo resto do dia – ou talvez seja o caso de conceder uma dispensa mais longa. Não se preocupe com a reunião ou apresentação importante que estava marcada para hoje: se sua equipe pensar que você coloca o trabalho antes das pessoas, você perderá grande parte do respeito e da lealdade delas. E a coesão da equipe é mais importante do que qualquer compromisso marcado na agenda para hoje. Dificilmente alguém deixaria de entender, se você cancelasse um evento ou compromisso ou fechasse as portas da loja pelo resto do dia, em virtude de acidente sério ou morte.

- Se a pessoa morreu, dispense os colegas para que possam ir ao enterro, ou vá você mesmo à cerimônia. Certifique-se de que a empresa mande flores, sem confundir esse gesto institucional com o de colegas da equipe, que também poderão querer se manifestar individual ou coletivamente.

- Dê bastante tempo à equipe – talvez várias semanas – para voltar à normalidade (dependendo da natureza da tragédia). Deixe as pessoas sentirem que podem falar sobre o assunto – não permita que ele se torne tabu.

- Se você cometer algum erro, reconheça dizendo "Me perdoem por não ter dispensado vocês pelo dia todo, na sexta-feira. Só agora percebo que todos estávamos muito mais abalados do que imaginava, naquele momento."

O caso somente se transformará em crise se vier a interferir no departamento e no trabalho

- **Se algum membro da sua equipe receber um diagnóstico de doença grave, mas ainda estiver trabalhando, deixe que ele decida o que fazer. Ele poderá querer manter o assunto em sigilo ou desejar ele mesmo contar às pessoas individualmente, ou a todos de só uma vez. Ou ele poderá querer que você conte. Deixe a critério dele.**

Casos amorosos

Uma pessoa de sua equipe está tendo um namorico com um dos diretores da empresa. Duas pessoas casadas do departamento estão tendo um caso. Como você reage?

- **A boa notícia é que você não faz absolutamente nada, em 95% do tempo. Não se trata de uma crise, de forma alguma. Na verdade, nem é da sua conta.**

- **O caso somente se transformará em crise se vier a interferir no departamento e no trabalho. Talvez haja a suspeita de que uma das pessoas da equipe esteja recebendo tratamento especial por estar envolvida com alguém de cargo mais elevado na empresa. Talvez essa pessoa seja considerada até mesmo uma "espiã" da diretoria. Na pior hipótese, se uma ou as duas pessoas envolvidas forem casadas, alguém já poderá ter feito a notícia chegar aos ouvidos de um dos cônjuges. Isso realmente pode fazer as relações da equipe atingirem um ponto crítico.**

  Nessa situação, você terá de chamar a pessoa – ou pessoas – em particular e fazê-la compreender que você não está contente com os efeitos do caso. Se o envolvimento for com duas pessoas da mesma equipe, converse com elas separadamente; não coloque as duas juntas, já

que cada uma está contribuindo individualmente para o problema. Elas também poderão se sentir inibidas e incapazes de conversar livremente, uma diante da outra.

- Em seu trato cotidiano com as pessoas em questão, comporte-se como se o caso não estivesse acontecendo. Se o resto da equipe achar que um dos colegas passou repentinamente a ter mais "moral" com você, em virtude de um relacionamento especial com algum membro da diretoria, você perderá a lealdade deles. Faça com que os outros percebam que o caso não faz nenhuma diferença e, dessa forma, não deverá haver problemas.

- Outra situação ocasional e certamente desconfortável que você poderá ter de enfrentar é quando duas pessoas de sua equipe têm um relacionamento e depois rompem com rancores. O pior de tudo isso é que o resto da equipe poderá tomar partido. Nesse caso, da mesma forma, é melhor conversar com as duas pessoas separadamente e fazê-las perceber que estão prejudicando a equipe e que precisam resolver suas diferenças, pelo menos enquanto estiverem no trabalho. Diga-lhes que você as considerará

use a cabeça

BOCA FECHADA

Aconteça o que acontecer, não revele a ninguém do departamento qualquer informação confidencial sobre o mau comportamento do ex-colega. Além de possíveis implicações legais, considere que as pessoas poderão supor que, se algum dia forem embora, você sairá fazendo revelações a respeito delas também.

Aconteça o que acontecer, não revele a ninguém do departamento qualquer informação confidencial sobre o mau comportamento do ex-colega

pelo menos parcialmente responsáveis, se os colegas começarem a tomar partido.

Depois converse rapidamente com os outros membros da equipe, um de cada vez. Diga-lhes: "O que está acontecendo na intimidade do Roberto e da Cristina não é de nossa conta, mas eu estou deixando claro para todos da equipe, inclusive para eles, que isso não deve atrapalhar o nosso trabalho. Se você tiver alguma opinião sobre o assunto, gostaria que você a esquecesse, durante o período de trabalho. Compreendo que isso nem sempre pode parecer fácil, mas é importante para o bem da equipe."

Demitindo um funcionário

- Na improvável hipótese de você ter de demitir um funcionário, converse coletivamente com o resto do departamento, depois que a pessoa tiver ido embora. Diga-lhes que você lamenta o ocorrido e que não houve nada pessoal em sua decisão. Explique que você demitiu a pessoa porque a presença dela no departamento estava impedindo que a equipe atingisse pleno potencial – os colegas da pessoa provavelmente estavam bem cientes disso e saberão entender. Se couber, enfatize que a pessoa não era um fracasso em si, apenas não era adequada para fazer parte da equipe.
- Diga a todos que você tem certeza de que agiu levando em conta os interesses do departamento como um todo, e que está seguro de que agora eles terão ainda mais chance de êxito. Você acha que todos os membros que ficaram são pessoas de valor para a equipe e que cada um tem uma importante contribuição a dar.

Nem sempre é simples ou agradável lidar com essas situações complicadas, mas lembre-se de que o resto da equipe tem a mesma ou até maior dificuldade que você. Portanto, sempre trate-os com respeito, mesmo estando sob intensa pressão; reconheça as dificuldades deles e, posteriormente, dê-lhes crédito por terem lidado tão bem com a situação. Quando as coisas se acalmarem e você puder respirar novamente, perceberá que, se tiver sido capaz de conduzir bem o problema, sua equipe se mostrará ainda mais coesa e forte do que antes.

Reconheça as dificuldades de seus colaboradores e, posteriormente, dê-lhes crédito por terem lidado tão bem com a situação

para a próxima vez

PARA A PRÓXIMA VEZ

Aprenda os sete passos essenciais da comunicação em situações de crise e exercite-as no dia-a-dia do seu trabalho. Dessa forma, quando surgir a próxima crise, você verá como será muito mais fácil manter sua equipe coesa.

pense rápido - pausa

Faça um intervalo, estamos quase no fim.

5 lidando com a imprensa

Não há quem não goste de um drama – exceto, talvez, os próprios protagonistas. Inevitavelmente, portanto, muitas crises atrairão a atenção da imprensa. Os seus representantes se juntam feito abutres em volta da presa, todos famintos para tirar o primeiro pedaço da história. E você não apenas tem de lidar com a crise propriamente dita, mas também tem de enfrentar a imprensa, pronta para atacá-lo a qualquer momento, se você fizer algo errado.

Em uma crise, a imprensa tanto pode ser uma bênção, quanto uma maldição, e o equilíbrio possivelmente esteja na maneira como você lida com ela. É claro que, às vezes, a imprensa está do seu lado desde o início. Se as suas instalações tiverem sido danificadas por um temporal ou se um caminhão desgovernado tiver ido parar dentro da sua vitrine, você de saída terá a solidariedade da mídia.

Mas a imprensa sempre quer um culpado e, na maioria das vezes, irá atrás de você. Se você estiver fazendo um corte de pessoal, se você tiver poluído o rio que passa atrás da fábrica, se algum acidente tiver sido causado por falha no equipamento que você produz – eles estarão farejando à cata de provas para colocar a culpa em você.

Fazendo a coisa certa

Então, o que você pode fazer? A boa notícia é que há múltiplos exemplos, extraídos da rica experiência de milhares de organizações ao longo de muitos anos. *Existem* maneiras de se lidar com a imprensa (e com outros meios de comunicação) que ao menos podem minimizar os danos e, na melhor das hipóteses, reverter a atitude inicial e conquistar apoio para o seu caso. Pois, então, vamos às regras essenciais de como enfrentar a imprensa em uma crise.

Mantenha contato

Diga à imprensa o que está acontecendo desde o início. Mantenha-a dócil dando entrevistas coletivas; não espere ser convidado. Vá para o lado de fora do portão da fábrica e diga aos repórteres o que está acontecendo. Quanto mais informações você der, menos eles precisarão ficar cavando o buraco, para obter uma história decente. Não espere até resolver a crise – mantenha-os informados desde o momento em que aparecerem fazendo perguntas.

Em uma crise, a imprensa tanto pode ser uma bênção, quanto uma maldição – depende de você

use a cabeça

A BOA COMUNICAÇÃO COMEÇA EM CASA

De nada adianta manter a imprensa informada, se você não fizer o mesmo com o seu próprio pessoal. Do contrário, algum descontente enrustido poderá muito bem resolver transmitir à imprensa sua própria versão dos fatos, e ela será desatualizada ou deturpada.

Seja sincero

Lembra-se de Richard Nixon? Se eles o pegarem mentindo, você estará frito. *Nunca* vale a pena arriscar.

use a cabeça

DE CABEÇA ERGUIDA

Muitos anos atrás, a BBC acidentalmente agendou para o mesmo dia duas conferências com duas importantes figuras do cenário político britânico. Uma delas teve de ser cancelada, evidentemente, e a imprensa ficou cheia de diz-que-diz-ques sobre o motivo de toda aquela falta de consideração. O diretor geral da BBC adotou uma saída simples, porém engenhosa ao ser questionado pela imprensa. Ele simplesmente disse: "Foi uma estupidez nossa, tá bem?" Foi aberto, sincero e desnorteou completamente a imprensa. Todos cometemos atos estúpidos de vez em quando, e a imprensa entende isso tão bem quanto qualquer pessoa.

Não complique

Há três regras a serem lembradas para preservar a simplicidade das coisas. (Sei que, na verdade, deveria haver apenas uma. Desculpe!) Primeira: a imprensa não conhece sua empresa ou sua indústria tão bem quanto você, e quer publicar uma história clara e simples para seus leitores. Por isso, não confunda os jornalistas com detalhes desnecessários, jargões ou explicações muito específicas. Eles não querem entrar nessas minúcias. Procure desatravancar sua mensagem. Se pedirem mais informações, forneça-as, na medida do possível. Mas não as entregue de bandeja.

A segunda regra para manter sua história descomplicada é certificar-se de que haja apenas um porta-voz, se possível. Caso contrário, haverá o perigo de um contradizer o outro. Um único canal de comunicação significa uma voz única e coerente.

E a terceira regra é: nunca especule. Especulações simplesmente aumentam a confusão. E podem ser reportadas pela imprensa como fatos – efetivamente o são, com freqüência. Portanto, se lhe pedirem para dar um palpite sobre a origem do vazamento das substâncias químicas, sobre quantas demissões deverão ocorrer ou sobre quando o prédio danificado voltará à normalidade, educadamente decline de fazer comentários. Ou simplesmente diga: "Não sei."

São essas, portanto, as três regras para se manter a simplicidade das coisas:

Um único canal de comunicação significa uma voz única e coerente

1 Não dê mais informações do que o necessário.
2 Transmita uma mensagem simples e coerente através de um único porta-voz.
3 Nunca especule.

Saiba discernir suas prioridades

Você deixará horrorizados os leitores, ouvintes ou espectadores, se começar a falar sobre o custo financeiro de um desastre que tenha deixado mortos e feridos. Ou sobre o prejuízo causado por um equipamento defeituoso, que tenha provocado mortandade de animais silvestres ao longo de um trecho de 15 quilômetros do rio. A preocupação do público não é essa. Portanto, fale sobre a crise à luz das prioridades do público. São elas:

1 pessoas
2 ambiente
3 propriedade
4 implicações financeiras

Esteja ciente de como os outros enxergam as coisas

Procure ficar ciente da percepção pública em relação ao modo como você está lidando com a crise. Estar com a razão não é o suficiente – é preciso fazer com que os outros *pensem* que você está com a razão. Suponha que a imprensa tenha publicado uma reportagem dizendo que muitos dos ovos vendidos em supermercados estão infectados com salmonela e que há um certo risco de doença grave. Você é um avicultor. Se você reagir insistindo que não há qualquer perigo, as pessoas logo pensarão: "É lógico que ele vai negar!"

Realmente poderá não haver qualquer perigo – ou poderá haver. Não importa. O que importa é que os outros irão *pensar* que você está tentando encobrir os fatos por conveniência própria; que você está disposto a mentir às pessoas a respeito de sua saúde, para não ficar sem o seu lucro.

Por isso, coloque-se no lugar do público e considere a sua versão dos fatos, que os outros julgarão potencialmente tendenciosa. Será melhor dizer que você está muito preocupado com o possível risco que os ovos representem para a saúde. E que você não tem nenhuma prova de que haja qualquer risco, mas está tomando providências para esclarecer os fatos o mais urgentemente possível. Apóie qualquer iniciativa de pesquisa – até doe fundos para a sua realização – e convide fiscais para observar a sua atividade. Diga que você aclamaria a divulgação de orientações oficiais que permitissem à sua empresa afastar qualquer risco e, no geral, mostre-se atuante na direção que o público deseja, não fique dizendo as coisas apenas da boca para fora.

Seja positivo

Se você parecer preocupado ou muito contido em entrevistas, os outros assumirão que você está meti-

II use a cabeça

NUNCA DIGA "SEM COMENTÁRIOS"

O que você pensa, quando ouve um entrevistado dizendo "sem comentários", ou quando um repórter diz que "a empresa não quis comentar o assunto"? Você acha que eles têm culpa no cartório, não acha? Você fica com a impressão de que estão escondendo alguma coisa. Todo mundo pensa o mesmo. E é exatamente o que pensarão de você, se disser "sem comentários" ou "nada a declarar". Portanto, jamais diga isso. Se não houver nada que você possa falar à imprensa, é melhor dizer: "desculpem, não tenho mais informações, no momento."

do em alguma encrenca. Se você parecer irado, irão antipatizar com você. As pessoas irão reparar muito em suas atitudes; por isso, procure conduzir-se sempre de maneira amistosa e positiva, especialmente se estiver dando entrevistas para rádio ou televisão. Se houve sofrimento de pessoas, não cabe mostrar-se muito alegre, evidentemente. Mas mesmo assim você pode ser aberto e cortês. Procure mostrar solidariedade para com as vítimas do desastre, aceitando ou não a responsabilidade pelo ocorrido.

Seja simpático

A imprensa está apenas fazendo o trabalho dela. Se quiser que ela fique do seu lado, você precisará aceitar esse fato e não agir de má vontade para com ela. Deixe que os jornalistas usem o telefone e o refeitório (se possível); instale-os em uma sala refrigerada, se o calor lá fora estiver infernal e você puder oferecer a eles essa amenidade.

Sempre trate a imprensa com educação e respeito, mesmo que ela não retribua na mesma moeda. Seja o mais solícito possível, fornecendo *press releases*, informações circunstanciais ou o que mais os jornalistas pedirem.

Traga os amigos para o seu lado

Se a imprensa estiver contra você, convoque pessoas de fora da empresa que possam falar a seu favor. Clientes satisfeitos, contatos de associações de classe, fornecedores, ex-funcionários ... qualquer pessoa com quem a imprensa tenha interesse em conversar e que você tem certeza de que lhe dará

use a cabeça

LEI DA MORDAÇA

Há algumas pessoas que você sabe, por experiência, que irão se intrometer. Talvez por guardarem algum rancor em relação à empresa, ou talvez por adorarem uma fofoca, ou simplesmente por não saberem quando devem ficar caladas. Em uma crise – ou, de preferência, antes dela – identifique essas pessoas e mantenha-as longe da imprensa. Faça o que for preciso. Mande-as em uma viagem de negócios relâmpago para a Austrália ou o Japão, se for preciso, mas não permita que falem com a mídia.

apoio. Eles afirmarão para a imprensa que as suas normas de segurança são exemplares, que a sua empresa é um lugar ótimo para se trabalhar, que você é conhecido por sua confiabilidade, ou o que quer que você precise que digam. Pessoas de fora sempre têm mais credibilidade do que as de dentro da empresa ("santos de casa não fazem milagres...").

Dê um passo além

Se você cometeu um erro, ou se os outros acreditam que você tenha cometido, faça tudo o que puder para consertá-lo. Mesmo que as pessoas o culpem pela própria crise, não dê a ninguém uma desculpa para reclamar de como você está reagindo. Vá sempre um pouco além do que os outros esperam. Dê às pessoas um tempo maior de folga; substitua a propriedade danificada sem regatear – ao contrário, troque por uma melhor; pague pelo trabalho de despoluição do rio e faça doações para uma nova reserva de animais silvestres ao longo de suas margens. Mostre que está chateado pelo erro cometido, mas que sinceramente quer tentar fazer tudo melhor.

Lembre-se, você não tem de lidar com tantas crises assim (ainda bem!), mas a imprensa ganha a vida fazendo isso. É bastante natural, portanto, que ela seja muito mais hábil do que você para lidar com o assunto. Por isso, não tente enganá-la – ela fará com que *você* pareça o bobo da história. Simplesmente jogue limpo, com honestidade e sem esconder nada.

11

NENHUMA CRÍTICA

Alguns anos atrás, na Inglaterra, uma balsa que cruzava o Canal da Mancha encalhou em um banco de areia. Devido ao capricho das marés, a balsa só pôde ser recolocada sobre as águas depois de quase um dia inteiro. Mas a companhia proprietária da balsa e os tripulantes entraram em ação assim que ocorreu o acidente. Mantiveram a todos informados, restituíram o valor das passagens, serviram toda a comida e toda a bebida que tinham a bordo e de uma forma geral se desdobraram para compensar o desconforto e o inconveniente da situação.

Quando a balsa finalmente atracou, a imprensa estava esperando para entrevistar os passageiros no desembarque. Mas, para a sua decepção (imagino), os repórteres não conseguiram encontrar um único passageiro que tivesse alguma crítica a fazer à operadora da balsa. Todos foram unânimes em dizer: "O que aconteceu foi um azar, e nós fomos muitíssimo bem tratados."

Se você cometeu um erro, faça tudo o que puder para consertá-lo

para a próxima

Você ou a sua organização – ou ambos – deveriam estar preparados para lidar com a imprensa. Você pode não antever que tipo de crise baterá à sua porta, mas sabe perfeitamente que, mais dia, menos dia, alguma coisa de anormal acontecerá.

Quanto maior for o nível de exposição pública de sua empresa e quanto maior for o potencial de acidentes, tanto mais esforço você deverá fazer para se preparar para essa tarefa. E, por menor que seja o risco de uma pessoa de relações públicas cometer erros, mesmo assim você poderá tomar algumas medidas para se preparar. O processo é em si um exercício valioso, levando-o a se concentrar em possíveis perigos e em como você poderia enfrentá-los.

Eis as medidas mais importantes que empresas ou departamentos bem-preparados tomam para limitar os danos na eventualidade de uma crise:

- Você precisará de um porta-voz para conversar com a imprensa; portanto, decida com antecedência quem ele será. Talvez você tenha mais de uma pessoa à disposição, dependendo da natureza do acidente. Treine essa pessoa (ou pessoas) para tratar com a mídia.
- Já examinamos como preparar uma lista de crises "prováveis". Conhecidas essas crises, você também poderá redigir os press releases com antecedência. Simplesmente preencha-os, claro quando chegar a hora, assim você não terá de ficar pensando no que escrever em seu co-

municado à imprensa no momento em que as águas estiverem inundando o prédio.

- Você também pode deixar preparadas quaisquer outras cartas que a imprensa queira ver, tais como cartas de recall de produtos para os clientes e assim por diante.
- Prepare kits de emergência para a imprensa, contendo detalhes sobre sua performance na área de segurança, seus procedimentos de evacuação, etc. Certifique-se de que esses dados sejam verificados, e atualizados, se necessário, anualmente.
- Pense em como você enfrentaria a invasão de um batalhão de repórteres na empresa. Onde você os receberia? Seria possível instalá- os no refeitório?

Todas essas medidas podem ser tomadas com relativa rapidez e serão de inestimável valor, quando você precisar delas. Faça o planejamento em conjunto com sua equipe e isso os ajudará a se prepararem para uma emergência, também. Verifique se todos entenderam que o principal é tratar a imprensa com simpatia – por mais difícil que isso seja – e tentar conquistá-la para que fique do seu lado.

Verifique se todos entenderam que o principal é tratar a imprensa com simpatia – por mais difícil que seja

6 operação rescaldo

Enfim, acabou. A poluição não chegou a ser tão grave quanto todos pensaram, a princípio; as águas da enchente baixaram; o *site* já está no ar outra vez; o corte de pessoal já foi feito; ou a feira transcorreu admiravelmente bem e o seu *stand* improvisado foi um sucesso junto aos clientes solidários.

Fim, acabado. Mas será que é o fim, mesmo? Bem, não exatamente. Antes que você volte a trabalhar como se nada tivesse acontecido, ainda há alguns arremates a fazer. Quando a crise acaba, é hora de considerar as pessoas que estiverem envolvidas nela.

Você não é o único a ter passado a última hora ou semana ou dia em estado crítico. As pessoas à sua volta, os seus colegas, e talvez alguma parcela do público também, todos sofreram em conseqüência da emergência pela qual você acabou de passar. Ou, mais do que sofrer, talvez essas pessoas tenham estado batalhando ao seu lado e ajudando-o a superar a crise com mais rapidez e facilidade. Seja como for, você precisa agradecer-lhes.

Mensagens de solidariedade

Se as pessoas tiverem sofrido, irão sentir-se magoadas, se acharem que você as esqueceu, assim que a crise passou. Portanto, faça um gesto solidário agora. Isso é de grande importância. Talvez seja o caso de enviar um cartão ou um bilhete, ou talvez um buquê de flores ou uma garrafa de vinho. Depende das circunstâncias – mas peque pela generosidade. Se alguém tiver de passar seis meses deitado em conseqüência de um acidente no seu local de trabalho (mesmo que você não tenha sido o culpado), um cartão desejando rápida recuperação poderá parecer pouco significativo. Talvez uma ajuda financeira possa ser melhor, ou uma televisão nova, de tela grande, para ajudar a pessoa a se distrair, enquanto estiver se recuperando.

Se os clientes tiverem sofrido contratempos por atraso nas entregas ou por falhas não reparadas, também é o caso de você entrar em contato com eles. Ofereça-lhes um desconto na próxima compra,

Quando a crise acaba, é hora de considerar as pessoas que estiverem envolvidas nela

use a cabeça

ALGO PESSOAL

Se o seu cliente for uma empresa, procure fazer algo em benefício da pessoa física que a representa, e não da jurídica. Um desconto de nada servirá à pessoa – não é o dinheiro dela que você estará ajudando a poupar. Mande um presente pessoal no lugar.

envie-lhes uma garrafa de *champagne* ou convide-os para a próxima festa, ao mesmo tempo enviando um cartão de agradecimento pela compreensão. Eles provavelmente acabarão se tornando mais leais do que antes.

Dizendo obrigado

As pessoas que o ajudaram a vencer a crise querem e merecem o seu agradecimento. Provavelmente, a única razão que as levou a dar o sangue seja essa, afinal. Portanto, não se esquive. Diga-lhes o quanto elas são maravilhosas. E, para demonstrar que você não está sendo apenas verborrágico, seja mais específico: "Não sei como você conseguiu manter todos aqueles clientes calmos" ou "Onde você aprendeu tanto sobre eletricidade? Estaríamos perdidos, se não fosse você."

Não diga apenas aos seus colaboradores o quanto eles foram ótimos. Diga a todos os demais, também. Envie um relatório especial para a diretoria elogiando-os, escreva um artigo para publicação no informativo da empresa, proponha o nome deles para um prêmio da empresa.

E ofereça-lhes um presente de agradecimento. Se tiverem trabalhado juntos para conseguir fazer o computador voltar a funcionar, leve todos para um almoço ou jantar em grande estilo. Se tiverem salvo meia dúzia de vidas, dê-lhes um carro de presente. Recompense à altura da ação prestada. Mas não deixe de recompensá-los.

Recuperação pós-crise

Se a sua mesa de telefonia sofrer uma pane e demorar boa parte do dia para ser consertada, você poderá supor que a vida volte ao normal até o dia seguinte, a não ser por alguns chamados de clientes que ainda precisem ser retornados. Mas algumas crises levam tempo até que as pessoas delas se recuperem e você precisa estar preparado para isso.

Não por acaso, os acidentes mais difíceis de serem superados são aqueles que deixam feridos ou mortos e aqueles que envolvem profundas emoções humanas, tais como perdas, fracassos, culpa ou algo do gênero. Você não pode esperar que sua equipe supere a perda de uma concorrência importante ou a responsabilidade por um ruidoso caso de poluição em apenas um ou dois dias.

Então, o que fazer? Desistir? Claro que não! Fingir que a crise nunca aconteceu? Não, você desmoralizaria ainda mais a equipe, se tentasse negar os sentimentos das pessoas. Aqui vão algumas orientações, portanto, para que você atravesse bem o período de recuperação:

- **Terminada a crise imediata, reúna a todos e explique que você reconhece que as coisas estão difíceis no momento,**

As pessoas que o ajudaram a vencer a crise querem e merecem o seu agradecimento

mas que já é hora de voltar ao trabalho normal. Seja solidário, mas otimista. Diga-lhes que a equipe é suficientemente forte para superar essa fase.

- **Seja compreensivo e solidário e ponha-os à vontade para conversar com você. Não transmita a impressão de que o assunto está encerrado. A crise pode ter terminado, mas os sentimentos das pessoas ainda são uma questão em aberto.**
- **Esteja preparado para diminuir um pouco suas exigências. Se a sua equipe precisar de um certo tempo para que recupere o nível de eficiência que tinha antes da crise, não seja exigente demais. Apenas procure assegurar que eles gradativamente retomem uma linha ascendente.**

E aqui chegamos ao fim deste guia sobre como lidar com crises. Com a ajuda deste livro, você será capaz de navegar pela crise do momento e por qualquer outra, seguido de perto por uma equipe forte, eficiente e leal. E, quando tudo estiver terminado, espero que seu chefe lhe dê de presente, no mínimo, uma garrafa de vinho.

use a cabeça

NÃO SOLTE AS RÉDEAS

Não ceda à tentação de soltar demais as rédeas, relaxar as regras ou mudar o sistema (a não ser para evitar uma reincidência da crise). As pessoas precisam de uma estrutura coerente e de um sistema que elas reconheçam como capaz de lhes dar confiança e segurança em um momento difícil.

para a próxima

Há uma última coisa que você precisa fazer. Sente-se com seu pessoal, depois de assentada a poeira, e analise o que deu errado e como você lidou com a situação. Você não está querendo colocar a culpa em ninguém e o clima da reunião deve ser otimista e positivo, sem medo de recriminações; do contrário, você desperdiçará todos os bons sentimentos que inspirou, quando agradeceu a todos.

Mas é preciso deixar duas coisas esclarecidas:

- Podemos reduzir o risco de essa crise – ou de uma semelhante – voltar a ocorrer?
- De uma próxima vez, será que poderíamos lidar melhor com ela?

Se não aprender as lições da crise que acabou de atravessar – descobrindo seus pontos fortes, bem como suas fragilidades – você não achará nem um pouco mais fácil enfrentar a próxima. Portanto, colha os benefícios da percepção tardia dos fatos e use-os para preparar o solo da próxima co-lheita de emergências.

Se não aprender as lições desta crise, você não achará nem um pouco mais fácil enfrentar a próxima

crise em uma hora

Calma, sem pânico. Uma hora é até luxo! Uma hora inteira para se preparar para uma crise? Pode acontecer. Muitas crises demoram um pouco para decolar: suponha que metade do seu departamento tenha acabado de telefonar avisando que está de cama, exatamente no dia do grande lançamento do seu novo produto. Os seus clientes e a imprensa começarão a chegar dentro de mais ou menos uma hora, que é o prazo que você tem para evitar a catástrofe. Ou talvez o seu chefe tenha acabado de ligar para informá-lo que na hora do almoço será feito um anúncio sobre a reestruturação – e o seu departamento será seriamente afetado.

Então, o que você faz, ao receber um aviso sumário de uma crise iminente? Você poderá ter quarenta minutos ou duas horas. De qualquer forma, como você pode usar da melhor maneira o tempo de que dispõe para transformar a crise em algo não mais sério do que um drama menor?

1 Comece definindo exatamente qual é o problema, conforme vimos no Capítulo 1. Por exemplo, o problema não é que você esteja com poucos funcionários para o seu evento de lançamento, é que você não terá condições de fazer uma apresentação tão impressionante e convincente quanto gostaria, não poderá acompanhar cada visitante até sua poltrona pessoalmente, e não terá condições de providenciar para que sejam servidos chá e cafezinho com biscoitos no intervalo da manhã.

2 Reúna o seu pessoal imediato – supondo que a crise não seja confidencial, nesta etapa. Faça uma reunião de emergência (veja o Capítulo 2). Se não tiver condições de falar com a sua equipe nesta fase (ou se todos estiverem doentes em casa), você terá de se virar e enfrentar este processo sozinho.

3 Comece identificando as prioridades máximas – uma apresentação convincente é mais importante do que o cafezinho com biscoito, por exemplo?

4 Agora faça um *brainstorming* para obter idéias de como resolver o problema. Suponha que alguém corra e compre refrigerantes e sucos gelados pa-

ra todos agora – assim, não será preciso preparar café ou chá no meio da manhã. Você simplesmente poderá arrumar uma mesa e as pessoas se servirão sozinhas. Quanto à apresentação, pense em quais seções ou visuais precisarão ser eliminados, se não houver ninguém para operar o equipamento. Ou ainda daria tempo para treinar outra pessoa rapidamente?

5 Delegue tudo o que puder, seguindo as orientações sobre distribuição de tarefas (Capítulo 3). Você tem de ficar livre para coordenar e lidar com quaisquer outros problemas que surjam na próxima hora..Portanto, não perca tempo em tarefas que outros possam fazer por você.

6 Procure ficar em um lugar em que todos possam encontrá-lo rapidamente, se for preciso. Não desapareça.

7 Lembre-se das sete regras da comunicação em situações de crise (Capítulo 4) e siga-as ao pé da letra. Fazendo isso, você irá superar essa crise tão bem quanto qualquer outra pessoa o faria.

Lembre-se das sete regras da comunicação em situações de crise

crise em dez minutos

Dentro de alguns instantes você estará diante de um desastre. Em dez minutos as águas estarão pelo seu tornozelo, metade dos operários da fábrica irão embora ou quinhentos convidados aparecerão para um jantar que não poderá ser servido, porque acabou de faltar energia na cozinha.

Ótimo. Como se você já não tivesse o suficiente para fazer... e agora, mais essa. Definitivamente, você vai entregar o seu aviso prévio na semana que vem. Mas, antes, vai ter de encarar essa. Então, o que você pode fazer? Você tem dez minutos e não pode se dar ao luxo de perder nem um deles. Portanto, aqui vai a receita:

1 Respire bem fundo e bem devagar. Literalmente. Alivie a descarga inicial de adrenalina antes de começar a agir. Cinco segundos de inação vão prepará-lo para ficar calmo e dar o exemplo aos demais.

2 Identifique o problema real que está por trás da crise (Capítulo 1 – primeiras quatro páginas).

3 Lembre-se das prioridades máximas para se lidar com qualquer tipo de crise: em primeiro lugar as pessoas, depois o ambiente (se for essa a questão), depois a propriedade, depois o dinheiro. Portanto, a primeira coisa a se perguntar é se há alguma pessoa em risco. Se houver, esqueça todo o resto e trate de colocar essa pessoa em segurança, antes de tudo.

4 Não havendo nenhum risco para as pessoas, identifique suas prioridades. Se houver mais de um problema, decida qual você irá atacar com maior urgência.

5 Pense. Sozinho ou com sua equipe, pense em quais são suas opções. Em uma emergência, somos arrebatados pelo impulso de fazer alguma coisa, não importa o que seja. Mas *importa*, sim. É uma parte difícil, porém necessária da administração de uma crise saber dominar esse impulso e parar por alguns momentos para pensar calmamente.

6 Exerça o comando e delegue tantas tarefas quanto possível – mantendo-se livre para enfrentar os próximos desdobramentos da crise. Deixe

claro, pelas maneiras e pelo seu tom de voz, que você está no comando. Você aceita sugestões construtivas e relevantes, mas não há tempo para discussões ou hesitações.

7 Sempre enxergue a crise em perspectiva. Mantenha o senso de humor e imagine-se mais tarde contando aos colegas e amigos como foi o drama. Esse tipo de atitude o ajudará a ficar calmo e agir de maneira lógica. O que você está vivendo agora pode parecer um pesadelo, mas, a menos que haja pessoas seriamente feridas, vai ser uma história e tanto para contar aos amigos em um próximo jantar, quanto tudo estiver terminado. Boa sorte!

Impressão e Acabamento
Oesp Gráfica S.A (Com Filmes Fornecidos Pelo Editor)
Dept° Comercial Alameda Araguaia, 1901 - Barueri - Tamboré
Tel. 4195-1805 Fax 4195 - 1384